天台声明と五台山念仏へのいざない

CDブック 声明《しょうみょう》

天納傳中
Denchū Amano

春秋社

序

声明に魅せられて

瀬戸内寂聴

日本のあらゆる音楽の原点に「声明《しょうみょう》」が位置することは、ようやく人々に知られてきた。

声明とは仏教音楽で、キリスト教に讃美歌があり、聖歌隊がいるように、仏教にも仏を賛美してお経に節をつけて歌い、その専門の僧侶がいたのである。

もちろん、仏教はインドで起こったので、インドに声明が生まれ、それが中国に伝わり、中国から日本に伝わってきた。

子守歌も演歌も、浪曲も、能の謡も、長唄や清元なども、すべて声明から生まれたと言えば人々は驚くであろう。

この声明も各宗派によって、それぞれ特徴があるが、天台宗で用いられる天台声明が、最も代表的なものとして、今では外国にもよく知られている。

今度、一般の人々がめったに聞く機会の少ない天台声明を、CDブックに収めて、人々に声明への理解と関心を持っていただき、天台声明の典雅な美しさと、仏教音楽の神秘さに触れて欲しいという意図で、この出版が生まれたと聞き、慶賀の念に絶えない。とにかくこのCDによって声明のいかなるものか聞いていただけば、おそらくはじめて聞いた人々も魅了されるにちがいない。

元来、祈りというものは、心からの声を発して、神仏という宇宙の大いなる生命に向かって、力弱い人間が呼びかけるものである。感動のあまり、その祈りに節がつき、歌になっていったのが音楽の原点ではないだろうか。

ジャズも、グレゴリオ聖歌も、声明も、人間の切なる祈りの心の叫び声である。

日本での声明の発祥地は三千院のある大原魚山である。

大原実光院のご住職天納傳中大僧正は、天台声明に情熱を傾けてこられたその道の大家で、指導者であり、声明学者であり、何より美声の名僧である。

天納傳中大僧正の解り易い解説がつけられているのは、読者・聴者にとっては何よりの贈り物であろう。私事にわたって恐縮だが、傳中師は、私が得度した後、お経の一行も読めなかったので、読経と声明の手ほどきを受けた恩師でもある。

源氏物語の中に度々出てくる法要の場でも、必ず比叡山の僧たちによって、こうした天台声明があげられていたのである。

このＣＤによって、想いを二千五百年前のインドに、千年前の中国や日本に馳せて、信仰と文化の不思議な縁と、それが伝わってきたはるかな道のりについて考えていただくのも、仏縁の導くところであろうか。

まえがき

　比叡山開創一千二百年の記念事業の一として刊行されている『續天台宗全書』（全十五巻）の第十三回配本として『法儀１　声明表白類聚《しょうみょうひょうびゃくるいじゅう》』が、平成八年三月に天台宗典編纂所の編集により刊行された。

　内容は、『声明集序』『声明集二巻抄』『魚山目録』『魚山六巻帖』など声明曲集関係や、『声明用心集』『声明口伝集』『音律事』など声明楽理関係本など三十三書目を編纂収録したもので、筆者も編纂委員として微力ながら参画したものである。

　その折に、『魚山六巻帖』所収の博士譜と対象して実際に声明を聞くことができるように、併せて天台声明ＣＤ『マンダラのきらめき』を春秋社より刊行していただいた。

　これは平成七年十月に、平安遷都一千二百年記念に創建された「京都コンサートホール」の、オープニングシリーズ「東洋の音・伝承と発展」において「邦楽スペシャル１

仏教と雅楽」の企画構成を筆者が依頼されたので、三千院御懺法講法要などで永年お世話になっている平安雅楽会（指導、中川平先生）と大原魚山声明研究会（指導、筆者）の共演で「舞楽《ぶがく》法要《ほうよう》庭儀《ていぎ》曼荼羅供《まんだらく》」を発表したときの実況録音を七十分に短縮したものである。

もちろん、一般の方々に天台声明の密教音用の雰囲気に触れていただくための企画として考えたものであったが、ＣＤにはあまり詳しい解説を付すことができなかった。そこで、今回あらたに一般のより多くの方々に理解と関心をもっていただけるような天台声明の解説を書き、別の声明曲のＣＤを付けた「天台声明ＣＤブック」を出版することとした。

解説書の方は、天台声明の歴史と声明曲集ならびに声明楽理などの基本について平易に解説しようと努力したものである。

ＣＤに収録した声明曲は、「五台山念仏の系譜」である慈覚大師《じかくだいし》円仁《えんにん》（七九四―八六四）ご将来の「引声《いんぜい》阿弥陀経《あみだきょう》作法《さほう》（引声念仏）」の一部と、後白河天皇が保元二年（一一五七）始修された宮中《きゅうちゅう》御懺法講《おせんぼうこう》の流れを引く「声明《しょうみょう》例時《れいじ》作法《さほう》」の一部である。前回のＣＤが密教声明の曼荼羅供音用であったので、今回は顕教声明の阿弥陀経を中心にしたものを考えることにした。

録音は、平成十年四月二十六日午後七時より大原魚山大原寺勝林院阿弥陀堂において大原魚山声明研究会が毎年行なっている「天台声明を聴く会」の第十二回例会の実況録音である。

大原魚山声明研究会は、平成元年十月に、東京マリオンビル・朝日新聞会館五周年記念公演（平家琵琶の上原まり女史と共演）において「引声阿弥陀経」を発表しているが、「引声念仏」は未だレコード・CD化されていないものである。

声明は、仏教の儀式音楽である。したがって、荘厳された仏殿などにおいて、仏がそこに居ますがごとく仏を礼拝・讃嘆し、自己の懺悔・告白を行ない、仏に祈り仏の教えを聞くための音楽であることは申すまでもないことである。

しかし、今日声明が日本音楽のルーツとして一般の方々や、音楽研究の方々に注目されはじめているにあたり、天台声明の古典儀式音楽に更に関心をもっていただくために、あまり聴いていただく機会のない特殊な声明曲をCDとして出版した趣旨をご理解いただければ幸甚である。

目次

CD「五台山念仏の系譜」解説

収録曲名

【引声作法】

1. 散華楽　8分17秒
　含、四奉請
2. 甲念仏　5分23秒
3. 阿弥陀経　7分12秒
4. 合殺　3分34秒
5. 後唄　4分17秒

【声明例時】

6. 四奉請　4分27秒
7. 甲念仏　5分51秒
8. 阿弥陀経　7分46秒
9. 大懺悔　8分36秒
10. 五念門　5分57秒

録音記録

日　時　平成十年四月二十六日（日）
　　　　午後七時―八時
　　　　第十二回声明を聴く会　実況録音
場　所　魚山大原寺　勝林院本堂
僧　衆　大原魚山声明研究会
　　　　実光院　天納傳中
　　　　竜雲寺　本多実信
　　　　方広寺　木下寂俊
　　　　理正院　清水信顕
　　　　実光院　天納久和
　　　　宝泉寺　藤井宏全
　　　　松林院　須川実洽
　　　　護浄院　松景崇誓
　　　　実相寺　齋川文泰
　　　　本性院　永宗幸信
　　　　鞍馬寺　信楽香爾

―五台山念仏について―

五台山は、華北山西省の五台県にある文殊菩薩の霊山であり、中国仏教四大聖地の一である。周囲約二百四十キロ、海抜三千メートル級の山々に囲まれた連山である。

五つの峰を中国古来の五行思想の「五方」に当てはめて、東台・北台・中台・西台・南台と名づけ五台峰とも呼び台山ともいい、別に清涼山ともいう。

山中に多くの寺院があり、五世期末後半の北魏の孝文帝のころから『華厳経《けごんぎょう》』の菩薩住処品に説かれている文殊菩薩の住地である清涼山にあたると信じられるようになり、中国だけでなく各地から巡礼者が訪れるようになったのである。

唐代には日本から玄昉《げんぼう》・霊仙《れいせん》・円仁が、宋代には奝然《ちょうねん》・成尋《じょうじん》らが巡礼し多くの事蹟を残している。

天竺僧菩提遷那《ぼだいせんな》（婆羅門僧正《ばらもんそうじょう》）は、インドで五台山が文殊菩薩の霊場であることを聞いて巡礼し、五台山で修行中の唐僧道璿《どうせん》と共に天平八年（七三六）来日し、大仏開眼（七五二）に重要な役割を果たしている。

唐代の五台山は、仏教修行者のあこがれの聖山であったのである。

慈覚大師円仁の『入唐求法巡礼行記《にっとうぐほうじゅんれいこうき》』によれば、円仁は九箇年（八三八―八四七）の中国留学期間中に五台山には約二ヶ月滞在している。

開成五年（八四〇）五月一日の項に、

天気晴れ。五台山巡礼をしようと思い、泊っていた普通院を出発し西へ九キロ程行き、北に向って高い嶺を越え、また八キロ程行って竹林寺に到着して昼食をとった。（中略）食後、寺の中を巡ると般舟《はんじゅ》道場があった。かつて法照《ほうしょう》和尚がいて、此のお堂で念仏三昧を修されたところである。云云

と記されている。

法照は『浄土《じょうど》五会《ごえ》念仏《ねんぶつ》略《りゃく》法事《ほうじ》儀讃《ぎさん》』の著者であるが、その中に、

散華楽　散華楽　奉請釈迦如来入道場散華楽
散華楽　散華楽　奉請十方如来入道場散華楽　　云云

という四奉請に続いて五会の念仏

第一会　平声緩念　　南無阿弥陀仏
第二会　平上声緩念　南無阿弥陀仏
第三会　非緩非急念　南無阿弥陀仏
第四会　漸急念　　　南無阿弥陀仏
第五会　四字転急念　阿弥陀仏　　云云

という五会念仏の唱法や各種の讃文が記されている。これらが、円仁将来の五台山念仏の原型と考えられるものである。

円仁は約二週間余り竹林寺に留まっているので、この間に法照（法道和尚）の五台山念仏を習得されて比叡山に将来されたのであろうと推測されている。

法照の生没年代は不詳であるが『宋高僧伝』に、法照が大暦元年（七六六）四月に南岳衡山（湖南省）の弥陀台で常行三昧という修行をしているとき、現身（生身のまま）に極楽国に往きて、水鳥樹林の唱える念仏の妙音曲を感得し、大暦五年（七七〇）に五台山に登り竹林寺を建立して念仏三昧を修したのが五台山念仏のはじまりであると記されている。

円仁は五台山で志遠《しおん》や文鑒《もんかん》などの学僧から天台学の講義を聞き、更に二ヶ月近く旅を続けて唐の都長安（西安）まで行き、元政《げんせい》・義真《ぎしん》・法全《はっせん》など多くの学僧から金剛界《こんごうかい》・胎蔵界《たいぞうかい》など密教《みっきょう》を学び伝法《でんぽう》を受け、嘉祥元年（八四八）比叡山に帰着したのである。この年、常行三昧を修する道場である常行三昧堂を建立し、仁寿元年（八五一）には五台山念仏三昧法を始修したという記録があるが、円仁の本願であった引声念仏が始められたのは、貞観七年（八六五）すなわち円仁の没年（八六四）の翌年より弟子の相応和尚によって始められたと考えられている。

魚山大原寺所用の「引声念仏開白作法」（魚山叢書・耳・十五）の表白文《ひょうびゃくぶん》に、

引声念仏とは七日間の念仏作法である。法道（法照）和尚が極楽浄土の妙音を五台山に伝え、慈覚大師が清涼山（五台山）の音曲を学んで四明（比叡山）にひろめたまいしより已来続いているものである。大師は全ての人々を極楽浄土に生ぜしめんために不断に念仏して往生の因を開かれようと常行三昧をはじめられたのである。我々は貞観七年より毎年八月一日より十七日まで声音を絶やさず弥陀を念ずる法会を勧進しているのである。

と記されている。

―作法次第―

次に、「大原流・引声作法次第」を記す。

先◎四奉請○散華楽　散華楽

○奉請十方如来入道場　散華楽

奉請釈迦如来入道場　散華楽

奉請弥陀如来入道場　散華楽

奉請観音勢至諸大菩薩入道場　散華楽

次◎甲念仏○南無阿弥陀仏

○阿弥陀仏

○阿弥陀仏

次　乙念仏　南無阿弥陀仏

阿弥陀仏

阿弥陀仏

次◎阿弥陀経○仏説阿弥陀経

○如是我聞一時

次　甲念仏

次　乙念仏

次　七《シッ》音《トン》　阿弥陀仏（七句）

次　五《ゴ》音《ヲン》　阿弥陀仏（五句）

次　三《サン》音《ノン》　阿弥陀仏（三句）

次　結《ケツ》音《トン》　阿弥陀仏

次◎合《カッ》殺《サッ》　阿弥陀仏（十六句）

○はじめの二句と最後の一句

次　回向　我等所修念仏善

回向極楽弥陀仏

哀愍摂受願海中

等々の偈・二十一句

次◎後　唄○処世界如虚空

如蓮花不着水

心清浄超於彼

○稽首礼無上尊

以上の次第で修されるものであるが、今回のCD録音には、◎印の中の○印の部分のみ収録されている。

参考に、実唱されている博士（楽譜）の一部分を紹介する。

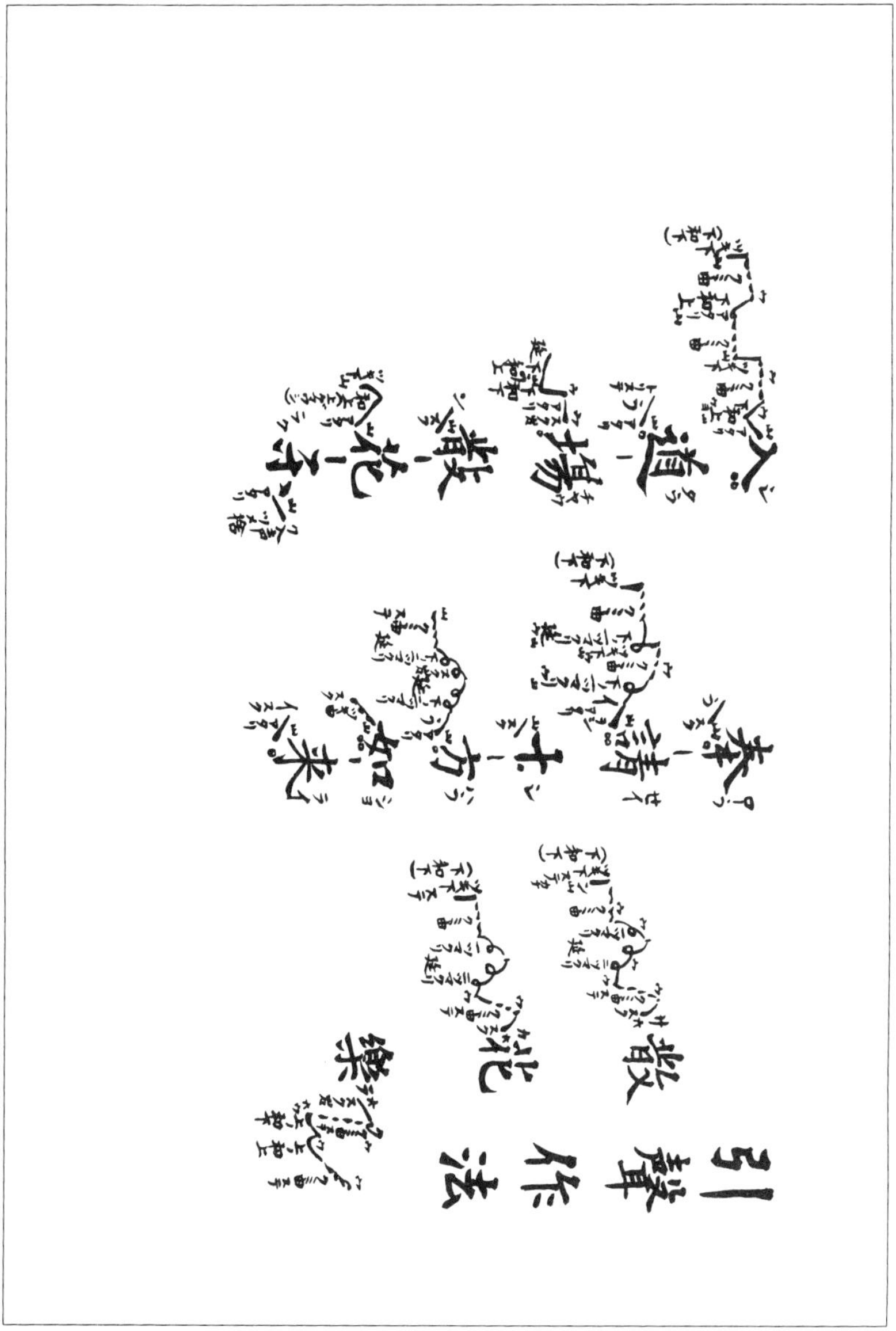
引聲作法
散花楽
奉請十方如来
入道場散花楽

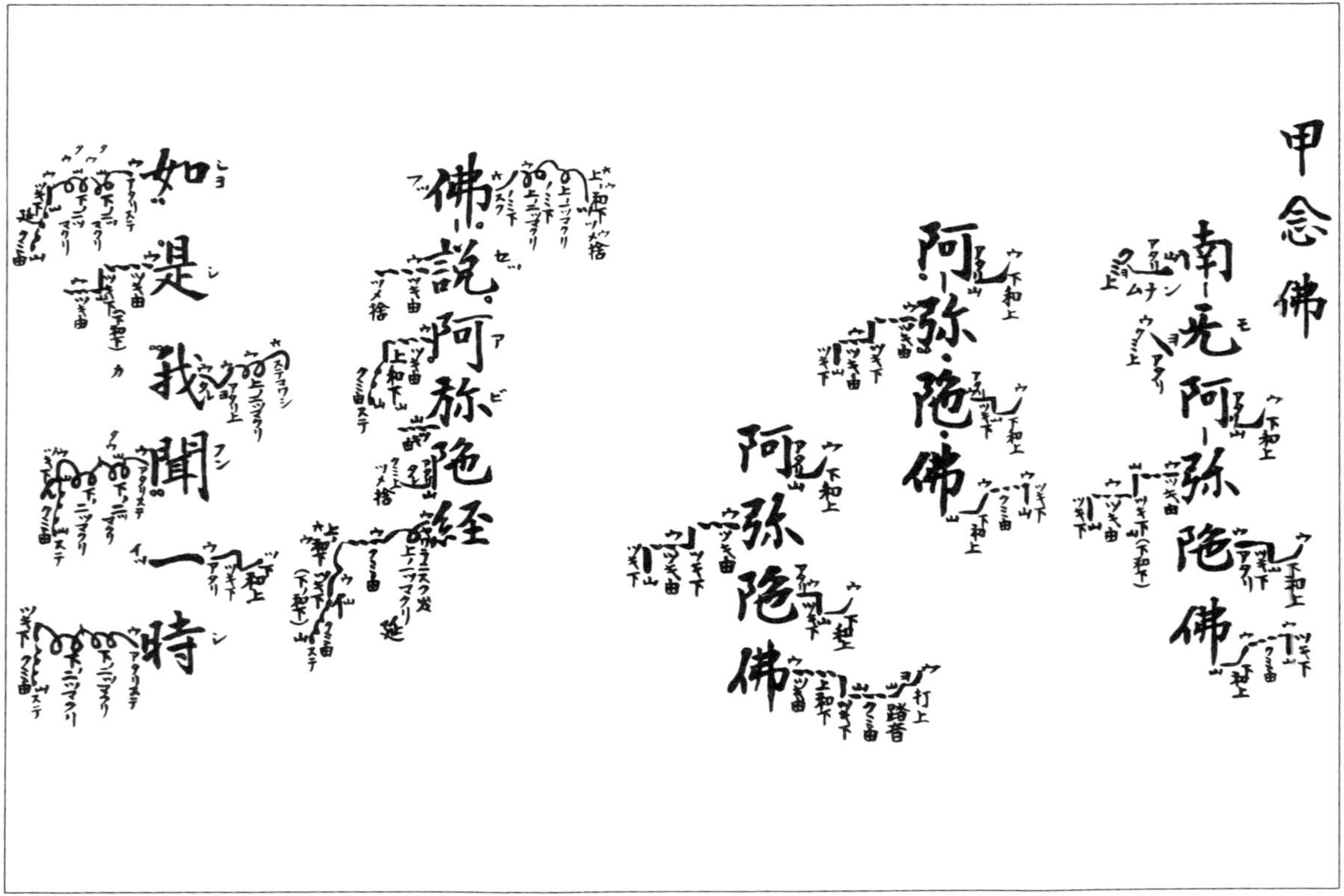
甲
念佛
南无阿弥陀佛
阿弥陀佛
阿弥陀佛
佛説阿弥陀経
如是我聞
一時

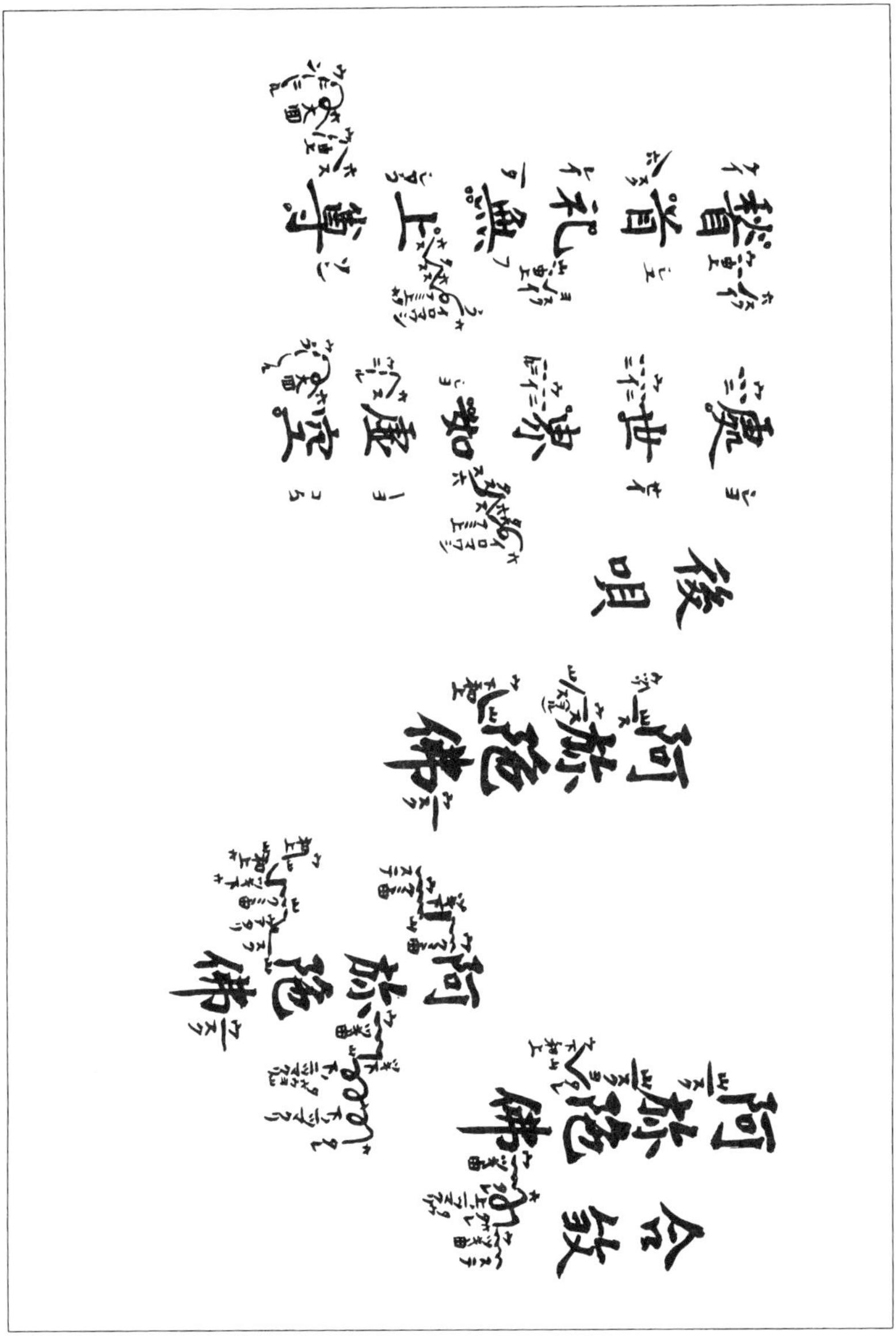
合殺
阿彌陀佛
阿彌陀佛
阿彌陀佛
後唄
處世界如虚空
稽首禮無上尊

四奉請の「散花楽」に付されている旋律名は、前記現行の天台声明の旋律名には見られなかったものがほとんどである。「スク」「由《ユリ》」「マクリ」「アタリ」「アタリ上」などは現行の旋律名と同じであるが、「クミ由」「ツキ由」「ステ」「ツキ下」「和上《ヤワラアゲ》」「和下《ヤワラサゲ》」などは引声念仏独得のものである。最後に唱える後唄は現行声明と同じ旋律名であるので、鎌倉初期ごろに改編されたものと考えられている。

五台山念仏作法の流れを汲む引声阿弥陀経作法（引声念仏・不断念仏）と同系列の法儀に、「例時作法常行三昧」と呼ばれるものがある。阿弥陀経を読誦（一字一拍）または唱誦（一字四拍）し、念仏（南無阿弥陀仏・阿弥陀仏）を唱誦（甲念仏・乙念仏・合殺など音曲が異なる）することを中心に組み立てられている法儀である。

天台宗の通用の日誦作法で、朝懺法（法華懺法）・夕例時（例時作法）の夕座の日課に相当する例時作法は、阿弥陀経を一字一拍の切音《きりごえ》で読誦するので、「切音例時《きりごえれいじ》」とも呼ばれている。それに対し、御懺法講常行三昧は法儀の組み立ては同じであるが、全ての偈頌や経段に声明の音曲が付されているので「声明例時《しょうみょうれいじ》」と呼ばれている。

次に「常行三昧例時作法次第」を記す。

先　伽陀
次　三　礼
次　七仏通戒偈
次　黄昏偈
次　（無常偈・六為・法則）
次◎四奉請
次◎甲念仏
次○阿弥陀経
次　甲念仏
次○合　殺
次　回　向
次○後　唄
次　（三礼・七仏通戒偈・如前）
次　（初夜偈・九声念仏）
次○大懺悔
次○五念門（用否随時）

次　（伽陀）

前記の引声作法と較べてみれば、四奉請・甲念仏・阿弥陀経・甲念仏・合殺・回向・後唄と法儀の中心をなしている部分は同じである。乙念仏と七五三念仏が略されたかわりに、伽陀・三礼・七仏などの偈が組み入れられ、大懺悔と五念門が入れられている。それでも音曲が引声と較べて短くなっている。

今回のＣＤには、前記の「引声阿弥陀経」と対比させるため、「声明例時」の四奉請（全曲）、甲念仏（全曲）、阿弥陀経（はじめより反音という曲中転調のある少し後まで）、大懺悔（序曲ではじまる部分と、曲中に拍子物となり時々序曲に戻ったりする洋楽でいうシンコペーションの現れる後半の部分）、五念門（拍子物であるが、終末は序曲でおさまる）を収録している。

参考に、実唱されている博士（楽譜）の一部を紹介する。

四奉請は楽譜と実唱と全く同じであるが、甲念仏については現行は経段の後の甲念仏を前後に唱えていて旋律型は同じであるが、音階が一部において商が角や徴で唱える伝承になっている部分がある。その他の曲についても一部に博士と異なった伝承唱法の部分のあることを付記する。

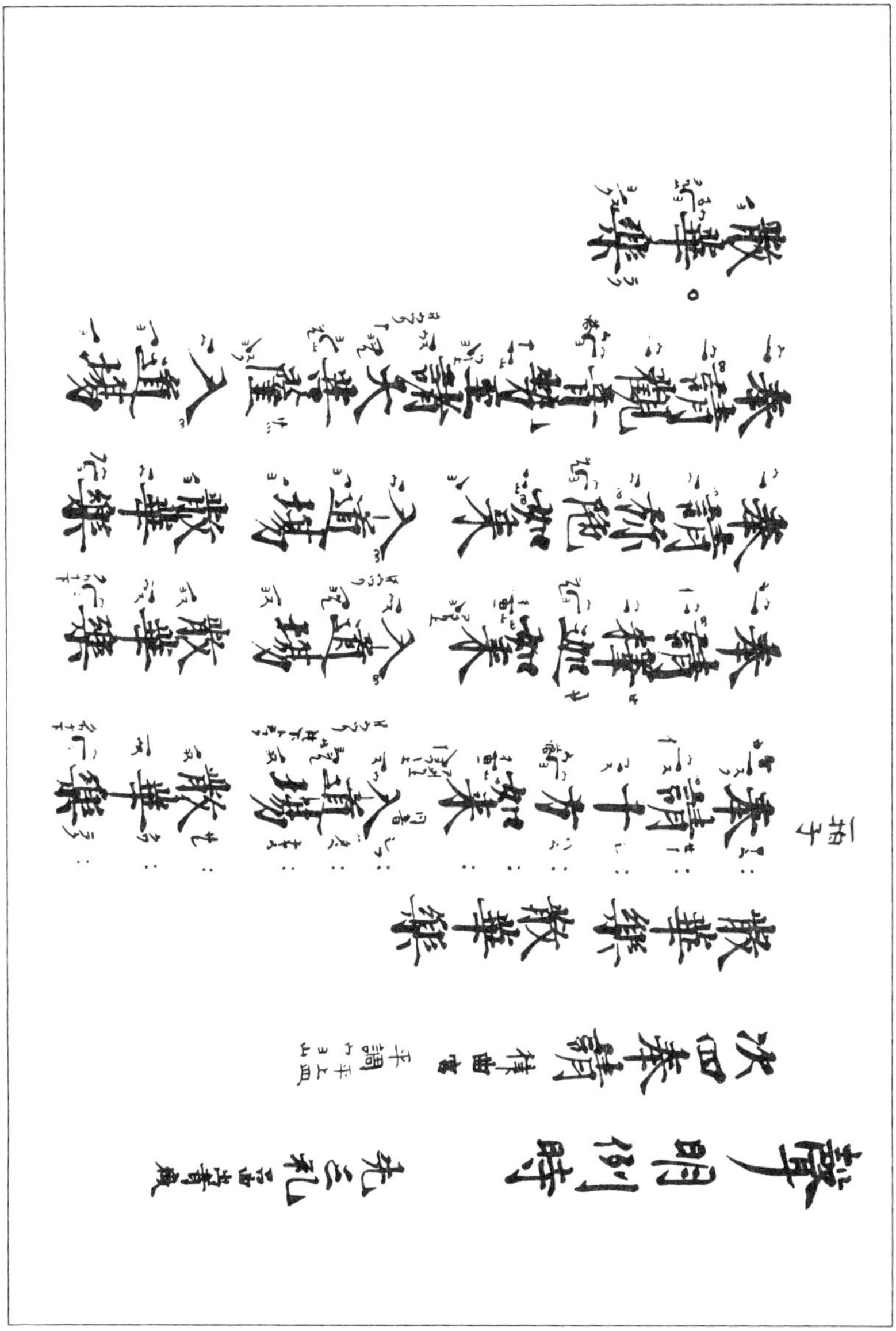
聲明例時
次四奉請
散華楽
散華楽
奉請十方如来入道場
散華楽
奉請釈迦如来入道場
散華楽
奉請弥陀如来入道場
散華楽
奉請観音勢至諸大菩薩入道場
散華楽

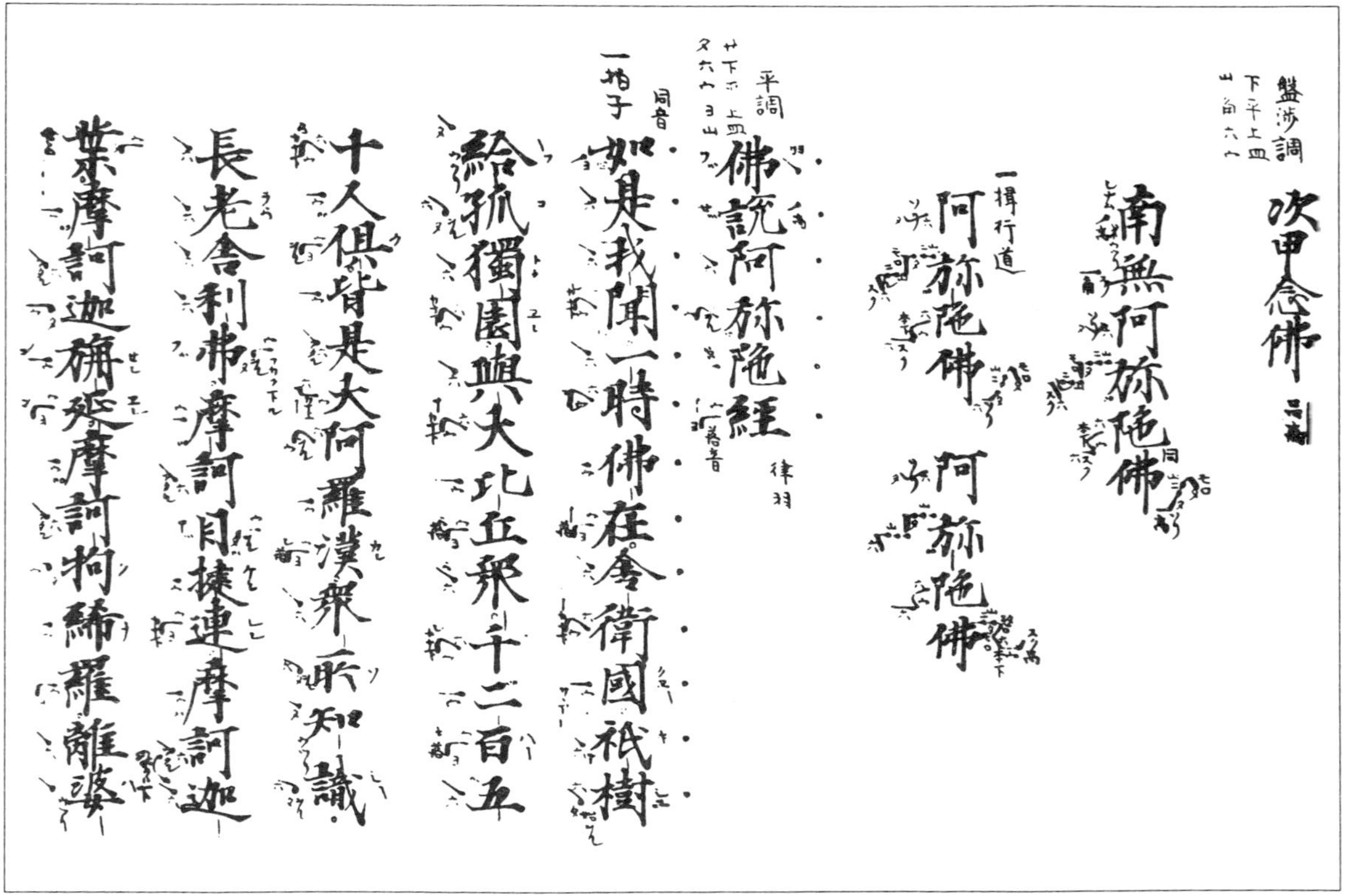
盤渉調
吹甲念佛
南無阿弥陀佛
一揖行道
阿弥陀佛
阿弥陀佛
平調
佛説阿弥陀経
律羽
同音
一拍子
如是我聞一時佛在舎衛國祇樹
給孤獨園與大比丘衆千二百五
十人倶皆是大阿羅漢衆所知識
長老舎利弗摩訶目揵連摩訶迦
葉摩訶迦旃延摩訶拘絺羅離婆

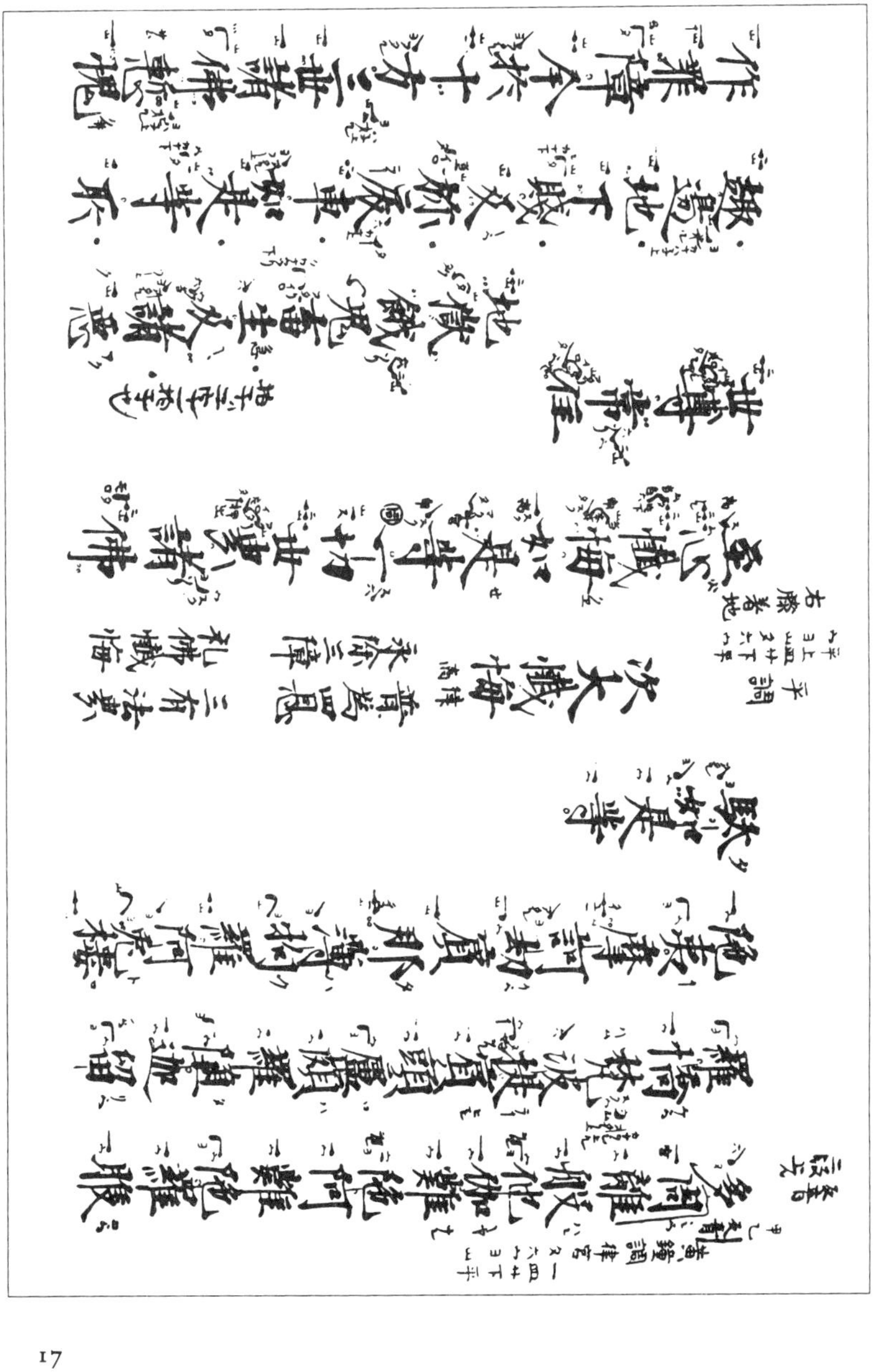

發露皆悉懺悔至心發願我等
從今日乃至無上菩提於一切處常
得値遇普賢文殊觀音勢至地
藏菩薩令我恒得親近恭敬供養
發菩提心永不退轉常生淨處淨
佛國土斷除三障永離衆難成無
上道　可　乘佛子力

无比无垢廣清浄 衆徳皎潔如虚空

調聲 下札 盤渉 本座

所作利益得自在 故我頂礼弥陀尊

△以此礼讃佛功徳 荘厳法界諸有情

已下丈拍子

臨終患顔往西方 共観弥陀成佛道

西京二條街堺町西

鴻麟堂 岩垣傳左衛門

声明の歴史と楽理

一、声明の歴史

―声明の起こり―

声明（しょうみょう）とは、サンスクリット（梵語）のśabdavidyāの漢訳音写語である。シャブダは音声・言語を意味し、ビドヤは明すなわち物事を明らかにするという意味で、智の別名である。すなわち、古代インドにおける学術の区分であった五明《ごみょう》の一ある。

五明とは、声明《しょうみょう》（音韻・文学）、因明《いんみょう》（論理学）、内明《ないみょう》（哲学・歴史学）、医方明《いほうみょう》（医学・薬学・呪術）、工巧明《くぎょうみょう》（天文学・数学・技術・工芸）のことである。

その声明という語が、梵唄《ぼんばい》とも漢訳され、仏教儀礼で唱誦される仏・菩薩・諸天善神などを讃歎する讃歌そのものを指す語として使用されるようになったのである。英文ではBuddhist Chantと訳されている。

鎌倉時代に虎関師錬《こかんしれん》（一二七八―一三四六）が著した日本仏教史の原点である『元亨釈書《げんこうしゃくしょ》』

の音芸志に、

> 声明とは印度の名で、五明の一つである。中国では梵唄といい曹陳王《そうちんおう》が始めたのであるが、本朝では印度の呼び方をとって声明といっている。（原典漢文）

と記されている。曹陳王（陳思王曹植《ちんしおうそうち》）については後述する。

声明すなわち仏教の儀式音楽である声楽・声曲が、インドから中国を経由して日本に入ってきたことは知られているが、どのような状態で発生し、変遷し、伝播されてきたものであるかを知り得る的確な資料は残されてはいない。

インドに仏教が発生したのは、紀元前四〇〇年頃であると考えられているが、それ以前のバラモン教の時代に儀式音楽が存在していたことはすでに知られている。

バラモン教の教典・讃歌集のヴェーダを中心にした歌唱が、紀元前一五〇〇年頃を中心に行なわれていたというのである。

仏教の開祖である釈迦牟尼・ゴータマブッダ Śākyamuni・Gautama Buddha の時代に、声明梵唄が唱誦されていたであろうと推測できる資料として、四世紀末に鳩摩羅什《くまらじゅう》 Kumārajiva（三五〇―四〇九頃）が漢訳したといわれる。原始仏教の戒律である『十誦律《じゅうじゅりつ》』に、

跋提《ばつだい》という比丘がいて、唄《ばい》の第一人者で声が好かった。或る時、世尊（釈迦牟尼）に唄をうたって布教することを願い出たところ、世尊は許されて唄讃《ばいさん》の五つの利益《りやく》を説かれた。

すなわち、一・身体疲れず、二・憶う所を忘れず、三・心疲労せず、四・声音壊れず、五・言語理解し易し云云

と申されたと記されている。また別に、

一・身体疲れず、二・憶う所を忘れず、三・なまけ心が出ず、四・声音壊れず、五・諸天が唄声を聞いて歓喜するであろう云云

と申されたとも記されている。

また同じく鳩摩羅什が翻訳した釈迦牟尼世尊一代中の最も勝れた経典であるといわれている『妙法蓮華経《みょうほうれんげきょう》』巻第一・方便品《ほうべんぽん》第二の偈文に、

若《も》しは人《ひと》をして楽《がく》を作《な》さしめ　鼓《つづみ》を撃《う》ち角唄《かくばい》を吹《ふ》き　簫《しょう》・笛《てき》・琴《きん》・空篌《くうご》・琵琶《びわ》・鐃《にょう》・銅鈸《どうばち》・
是《かく》の如《ごと》き衆《もろもろ》の妙音《みょうおん》　盡《ことごと》く持以《も》つて供養《くよう》し
或《ある》いは歓喜《かんぎ》の心《こころ》を以《も》つて　歌唄《かばい》して仏徳《ぶっとく》を頌《じゅ》し　乃至一《ないしいっ》の小音《しょうおん》をもつてせし　皆已《みなすで》に仏《ぶつ》道《どう》を成《じょう》じき

とあるを見ても、全ての衆生が成仏できるという世尊の一乗思想を布教する中で音楽がどのように位置づけられ重要視されていたかを知ることができるのである。

―中国声明の祖聖・陳思王曹植―

中国における声明梵唄の祖聖として仰がれているのは前出の曹陳王である。すなわち、魏《ぎ》の武帝（曹操《そうそう》）の第三王子である陳思王曹植《ちんしおうそうち》（一九二―二三二）のことである。魏・呉《ご》・蜀《しょく》の三国が亡び晋《しん》王朝が統一したころ、西晋《せいしん》の史家である陳寿《ちんじゅ》（二三三―二九七）によって書かれた『三国志《さんごくし》』魏書・陳思王植伝に、

陳思王植《ちんしおうち》は字《あざな》を子建《しけん》という。年十才余にして詩《し》（詩経《しきょう》）、論《ろん》（論語《ろんご》）、辞賦《じふ》（楚辞《そじ》）数十万言を誦読《じゅどく》し善《よ》く文を属《つづ》る云云

とあり、筆をとればたちどころに詩に成るという文才の人で、建安文字を代表する詩人として知られている。父の曹操は彼を寵愛したのであるが、兄の曹丕《そうひ》（文帝）はその才をねたみて、七歩を限りて詩を作らしめたところ、即座に「七歩賦詩《しちほのふし》」（其《まめがら》の詩）を作ったという逸話が宋臨川王義慶《ぎけい》（四〇三―四四四）撰の『世説新語《せせつしんご》』に記されている。

豆を煮《に》て持《もっ》て羹《あつもの》（吸物）を作る
鼓《し》を漉《こ》して以て汁と為す
其《まめがら》は釜下《ふか》に在りて燃《も》え
豆は釜中に在りて泣く

本《もと》　同根　自《よ》り生じたるに
相煎《あいい》ること何ぞ太《はなはだ》急なる

曹植は曹丕との王位継承の争いに敗れ、頻繁な転封（国替え）を強いられ、晩年に東阿王《とうあおう》（山東省東阿県）に封ぜられていたとき領内にある魚山《ぎょさん》にしばしば遊んだという。曹植はこよなく魚山を愛していたが、大和六年（二三二）二月に三年近く封ぜられていた東阿王より陳王《ちんおう》（河南省淮陽《わいよう》）にまたまた転封させられ、その年の十一月に四十一歳で病没したのである。翌年に曹志《そうし》（曹植の子）が魚山に陳思王墓を築いたという。曹植が愛し終焉の地としたいと考えていた魚山は、黄河のほとりにある小高い丘のような山で、山麓に曹植の墓がある。

曹植と魚山の関係は、没後数十年に記された前記の『三国志』に、

初《はじめ》　植　魚山に登り東阿を臨《のぞ》み　喟《き》然として（感応して）終焉《しゅうえん》（身をおちつける）之心有り遂《つい》に営《いとなみ》て墓を為す

と記されているが、梵唄との関係については記されていない。曹植が魚山において梵唄を聞いたという記述は、曹植没後約三百年ごろ慧皎《えこう》（四九七—五五四）が撰した『梁 高僧伝《りょうのこうそうでん》』第一三・経師第九・釈慧忍一一が初見であろう。

始め魏《ぎ》の陳思王曹植有り深く声律《しょうりつ》（音律・梵唄）を愛し意を経音《きょうおん》（仏教の音楽）に属《しょく》す（関心を向ける）。既に般遮《ぱんじゃ》之瑞《ずい》響に通じ又魚山の神製を感ず。（般遮とは般遮于旬・楽神也とい

う説と、インド北西部パンジャプ地方という説がある。）
また、没後四百年ごろ唐の道宣《どうせん》が著した『広弘明集《こうぐみようしゆう》』には、

植　毎《つね》に仏経を読む。輒《すなわち》　流連《りゆうれん》（いつまでもながく）嗟翫《さがん》（感嘆して味わい）以て至道の宗《そう》極《きよく》（祖聖）と為る也。遂に転読七声昇降曲節（経典を唱誦する音階と旋律型）之響を製す。故に世之諷誦《ふじゆ》（経典を唱誦すること）咸《みな》　憲章とす焉　嘗《かつ》て魚山に遊び、空中に梵天《ぼんでん》（仏の守護神）之賛（讃歎）を聞く。乃《すなわ》ち摹《ならい》て後（後世）に伝ふ

と記されていて、梵唄の作曲を行ない、魚山で空中に梵天の讃歌を聞き、手本として後世に伝えたという記述になってくる。また、唐の道世が六六八年に撰した『法苑珠林《ほうおんじゆりん》』にも同文の記述を見ることができる。

日本天台の宗徒が高祖と仰ぐ隋の天台智者大師智顗《ちぎ》（五三八―五九七）が講述し、弟子の章《しよう》安灌頂《あんかんじよう》が筆録した天台三大部の一である『法華文句《ほつけもんぐ》』（妙法蓮華経文句）を荊渓《けいけい》大師湛然《たんねん》（七一一―七八二）が補説した『文句記《もんぐき》』にも、魚山と曹植および声明にかかわる一文が記されている。

経《きよう》に唄《ばい》と云い或は唄匿《ばいのく》（讃歌）と云い讃頌と云う。西方（インド）に本《もと》と有り。（中略）陳思王、姓は曹、名は植、字は子建、魏の武帝（曹操）の第四子、十才にして文芸を善くす。私に転七声（経典を唱誦する音階と旋律型）を制す。植　曽《かつ》て漁山に遊び厳谷の間に於て誦

経の声　遠谷に美を流すを聞く。乃《すなわ》ち之に効《なら》い其の声を制す。云云

湛然は、荊渓《けいけい》尊者妙楽大師と称され、天台大師を初祖とする中国天台の第六祖である。『法苑珠林』より約四百年後、宋の道誠《どうじょう》が一〇一九年に著した『釈氏要覧《しゃくしようらん》』巻上の梵音という項目の中に、

昔　魏の陳思王曹子建　魚山に遊び忽に空中の梵天之音を聞く　清響哀婉（清らかなひびきで、あわれを含んで優美な）其の声　心を動かす。独り聴き良久《ややひさ》しくして乃ち其の節（曲節）を摹《なら》い写して梵唄と為す。文を撰び音を制して伝へて後式と為す。梵音（声明）は茲《ここ》を始と為す也

とあり、『広弘明集』や『法苑珠林』と同文の箇所が多く、曹植が魚山で梵天の妙音を聞き、感応を得て梵唄を製したのであるという故事が中国仏教史の中で定着してきたことを物語っている。

また、一二六九年に宋の志盤《しばん》が撰した仏教史書である『仏祖統紀《ぶっそとうき》』巻三五にも同様の記述がある。

曹植は、魏太祖武帝（曹操）の正夫人卞《べん》皇后の三男であり、後漢の献帝を廃して帝位についた魏の文帝（曹丕）の同母弟で、一般には前述の如く「七歩賦詩」で知られる建安文学を代表する詩人として有名であり、六朝時代の詩を評した梁の鍾嶸《しょうこう》の『詩品《しひん》』は、漢・魏以下の百二

十二人の五言古詩を上中下の三品に分けて批評を加えたものであるが、その中で曹植は上品に、曹丕は中品に、曹操は漢の班固《はんこ》と共に下品に格づけされている。

円仁将来の声明曲「五箇の大曲」

天台声明は、慈覚大師円仁《えんにん》（七九四―八六四）の十年間にわたる入唐求法《にっとうぐほう》（八三八―八四七）によって将来《しょうらい》されたものによって系統的な伝承がはじまったものと考えられている。大原魚山勝林院蔵の『魚山声明相承血脈譜《ぎょさんしょうみょうそうしょうけちみゃくふ》』（『續天台宗全書　法儀1』四八五頁、春秋社刊）によれば、円仁は将来した多くの声明曲の内、次の五箇《ごか》の大曲を専門的に分けて相伝《そうでん》したことになっている。

その五箇の大曲と、それぞれの曲の相承譜を抜粋すると次の通りである。

○長音供養文《ちょういんくようもん》

通用の供養文は、曼荼羅供《まんだらく》・悔過法要《けかほうよう》・法華懺法《ほっけせんぼう》（切音《きりごえ》）・声明懺法《しょうみょうせんぼう》（呂様《りょよう》・律様《りつよう》）など多くの法要で唱えられ旋律や偈文に多少の差異があるが、出典は『観仏三昧海経《かんぶつざんまいかいきょう》』である。長音供養文は、その供養文に特別の長い旋律がつけられている曲で、甲様と乙様があり秘曲・伝授物になっている。とくに乙様はただ一人に伝授する曲であるが、通常の法要では唱誦されていない曲である。

円仁—円珍—遍照—安然—玄静—寂照—覚超—覚燈—広明—法円—賢源—尋宴—良忍
　└湛芸

○独行懺法《どくぎようせんぼう》

懺法は法華懺法のことで、普賢菩薩を本尊とし、「法華経《ほけきよう》」を唱誦することを中心に組みたてられた法会であるが、その中に六根（眼《げん》・耳《に》・鼻《び》・舌《ぜっ》・身《しん》・意《い》）を懺悔する六根段《ろっこんだん》という曲がある。

御懺法講《おせんぼうこう》（宮中法要）における声明懺法の六根段（呂様・律様とも同じ旋律）は、句頭《くとう》を調声《ちょうせい》（導師）が独声し、同音《どうおん》から式衆が合唱して附楽《つけがく》（声明とは別の雅楽曲を演奏する。附吹《つけぶき》ともいう）が入るのであるが、独行懺法曲は特別の旋律がつけられた独唱曲であり、伝授を受けた魚山法師が調声に代わって独唱した曲である。その曲調や偈文の内容から「悲歎声《ひたんぜい》曲」ともいうが、現行の法要では唱誦されていない曲である。

円仁—安芸—平願—法仙—覚運—皇厳—覚尊—瞻西—良忍

○梵網戒品《ぼんもうかいほん》

布薩会《ふさつえ》という出家僧が一堂に会して梵網経《ぼんもうきよう》（十重禁戒《じゆうじゆうきんかい》・四十八軽戒《しじゆうはちきようかい》という戒律《かいりつ》の経典）を

唱誦して日々の罪過を懺悔する儀礼に唱誦された曲のことで、正しくは「音曲《おんぎょく》梵網《ぼんもう》経《きょう》盧舎那《るしゃな》仏説《ぶっせつ》菩薩《ぼさつ》心地《しんじ》戒品《かいほん》」という曲で、五箇の大曲の中で最極秘曲と位置づけられているものである。この曲が唱誦されたのは広布薩会《こうふさつえ》という広大な厳儀の会式であったのと、音曲が複雑難解であるのと相まって現在は唱誦されることのなくなった曲である。

円仁─┬─安恵─安然─┬─尊意─良源─┬─源信─覚超─懐空─寛誓─┬─良忍・・
　　　└─円珍───────┘　　　　　　　└─覚運─皇厳─覚尊─瞻西─┘

○引声念仏《いんぜいねんぶつ》

「阿弥陀経」を中心にした常行三昧の法式に長大な旋律をつけて唱誦する曲で、引声《いんぜい》作法ともいう。引声とは、偈頌《げじゅ》や経典の一字一字を長く引き延ばすところから付せられたもので、「引声阿弥陀経」ともいう。五箇の大曲の中で法儀と共に伝承が続いている唯一の曲である。本書に付してあるCD「五台山念仏の系譜」に一部が収録してあるので、詳細はCDの解説文を参照されたい。

・・円仁─相応─義性─法禅─證範─実性─覚忍─法円─賢源─尋宴─良忍・・

○長音《ちょういん》九条《くじょう》錫杖《しゃくじょう》

天台声明の錫杖曲には「三条錫杖」という「四箇《しか》法要」（唄《ばい》・散華《さんげ》・梵音《ぼんのん》・錫杖《しやくじよう》）に用いられるものと、「九条錫杖」という「光明供《こうみようく》法要」に用いられるものと、「長音九条錫杖」の三種の曲がある。『華厳経《けごんぎよう》』浄行品に初めの四句があるが、以下は字句に異同があり、出典や編者は不明である。旋律は三曲とも異なるが、通用の九条錫杖を「切音《きりごえ》九条錫杖」と呼び、それより長い旋律が付されているので「長音《ちよういん》九条錫杖」と名づけられている。現在、法要中の声明曲としては用いられていない。

円仁—日蔵—浄蔵—覚忍—盛時—公任—懐空—延殷—寛誓—良忍

以上の五箇の大曲の他に、常用の声明曲として顕教《けんぎよう》用声明曲（四箇《しか》法要・悔過《けか》法要・例懺《れいせん》法要・天台大師供法要などの音曲）や、密教《みつきよう》用声明曲（曼荼羅供《まんだらく》法要・灌頂《かんじよう》会などの音曲）も多く将来され伝承されているのである。したがって天台声明は、円仁（七九四—八六四）によって唐代の仏教声明が将来され、それを基盤として伝承がはじまり、良忍（一〇七三—一一三二）によって京都洛北の比叡山麓にある大原魚山に集大成されたのである。天台声明の根本道場となった大原三千院の一帯に、前述の陳思王曹植の故事により魚山という山号が付せられ、三千院の南を流れる川を呂川《りよがわ》、北を流れる川を律川《りつがわ》と名づけられたのも声明の呂律にちなんでのことである。

また、魚山という名は大原流声明を伝承する寺々の山号として使用されているばかりでなく、声明梵唄そのものを魚山と呼ぶようにもなったのである。魚山という語を声明という語におきかえて使用するようになったのは、鎌倉初期のころからではなかったかと推測されている。

鎌倉初期の大原流声明の伝承者であり、雅楽理論で声明楽理の理論づけをした『声明用心《しょうみょうようじん》集《しゅう》』を著した蓮入房《れんにゅうぼう》湛智《たんち》（一一六三―一二三七?）の高弟である宗快《しゅうかい》が編集した『魚山目録《ぎょさんもくろく》』は、各種の声明曲の記譜上の原則（出音図《しゅっとんず》）を曲別に示した一覧表であるが、この書の名前が示すごとく「魚山」は「声明曲」という意味の語として用いられている。嘉禎四年（一二三八）の編書である。承安三年（一一七三）に、良忍の高弟である家寛《けかん》が後白河法皇に声明を教授申し上げるために編集した「二巻抄《にかんしょう》（声明集二巻抄）」には、「魚山」という語は「声明」という意味では使用されていない。しかし、鎌倉初期の『魚山目録』以降は、声明曲集のことを「魚山集」と表題に記したりして、「魚山」という語を「声明」という意味で使用することが通例となってくるのである。

真言宗においても、声明曲集を魚山集という名称で編集されるようになり、明応五年（一四九六）に真言宗の声明家である長恵《ちょうけい》が編集した『魚山蠆芥集《ぎょさんたいかいしゅう》』という声明曲集も、声明曲をチリ・アクタほど多く集めた声明曲集という意味での表題として魚山という語が使用されているのである。

仏教儀礼が修される場合、参集してきた多くの人々（善男善女《ぜんなんぜんにょ》という）の心に安らぎをあたえるため、宗教的雰囲気に引入するため、宗教心を高揚するため、さまざまな荘厳《しょうごん》が考えられて、受け継がれて今日に及んでいるのである。

仏殿があり本尊仏やそれをとりまく諸仏・諸菩薩・諸天善神や諸々の仏具などを総じて「道《どう》場《じょう》荘厳」という。

法会の導師や式衆の着している各種の袈裟や衣や持物などに僧衆の立居振舞などを総じて「威儀《いぎ》荘厳」という。

鐘《しょう》・磬《けい》・木魚《もくぎょ》などの犍稚《けんち》類や、三管《さんかん》（笙《しょう》・篳篥《ひちりき》・龍笛《りゅうてき》）・三鼓《さんこ》（太鼓《たいこ》・鐘鼓《しょうこ》・羯鼓《かっこ》）などの楽器類の音曲や、各種の声明曲などを総じて「音声《おんじょう》荘厳」という。

これらの荘飾厳浄《しょうじきごんじょう》された雰囲気の中で、人々は仏を礼拝し、讃嘆供養し、経典を読誦し（仏の教えを聞き）、仏に告白し懺悔し、仏に祈るのである。

天台宗の修行の根拠となっている『摩訶止観《まかしかん》』は、中国天台の開祖である天台智者大師智顗《ちぎ》（五三八―五九七）が講説し、弟子の灌頂《かんじょう》が筆録したものであるが、鳴《みょう》が頼吒和羅妓《らいたわらぎ》を造った。妓《ぎ》の音は無常・苦・空をのべ、聞く者は道を悟る云云というインドの声明家の故事を引用して、仏の教えを宣揚する仏教儀礼において、声明梵唄が重要な役割を持っていることが述べられている。

鳴とは、馬鳴《めみよう》菩薩のことで仏教詩人として有名なアシヴァゴーシャ Aśva Ghoṣa のことである。

『摩訶止観』を注釈した中国天台の第六祖である荊渓《けいけい》大師湛然《たんねん》（七一一―七八二）の『止観輔《しかんぶ》行《ぎよう》』には、

馬鳴がある国でこの曲を演奏したところ、城中の多くの王子が、無常・苦・空のこの世を厭《いと》いて出家してしまったので、王は人民がことごとく出家することを恐れて、以後この曲を演奏することを禁じた。

と記されている。

日本天台の密教を大成させた五大院安然《あんねん》（八四一―九一五？）の『法事灌頂《ほうじかんじよう》』には、

密教儀式を行なう灌頂道場において、弟子（受者《じゆしや》）たちを道場（曼荼羅《まんだら》と密壇《みつだん》・密具《みつぐ》などで荘厳された）に引入するために唱誦する密教声明（灌頂用声明）は不可欠のものであり、そのことは馬鳴が頼吒和羅伎曲を演奏して多くの王子たちが出家入道したのと同義のものである。

と記されている。安然は前出の円仁に顕密二教を学び、遍照《へんじよう》（八一六―八九〇、三十六歌仙の一）に胎蔵界《たいぞうかい》・金剛界《こんごうかい》の密教大法を授かり、その著『悉曇蔵《しったんぞう》』の第二巻に横笛の説明をして音楽理論を展開しているが、これが以後の声明音律の基礎となったもので、日本における楽律の記述としては最古のものとされている。

平安中期の制作で、伝承されている最古の語り物音楽で、その旋律法は平曲《へいきょく》（平家琵琶）や謡曲《ようきょく》などの邦楽に強い影響を与え、浄瑠璃《じょうるり》などを派生する基盤となった和語の声明曲を代表する「六道講式《ろくどうこうしき》」（地獄・餓鬼・畜生・修羅・人・天の六道を解説《げせつ》した式文）の作者である恵心僧《えしんそう》都源信《ずげんしん》（九四二―一〇一七）の『往生要集《おうじようようしゆう》』の六道の厭相を結ぶ事の段にも、

もし厭離《おんり》の相を存せば、馬鳴菩薩の頼吒和羅伎の声に唱て云が如し云云

として「頼吒和羅伎曲」の歌詞が引用されている。

声明梵唄が仏教儀礼の中で重要な位置づけをされると強調されるたびに引き合いに出される「頼吒和羅伎曲」については、『魚山叢書』（覚秀本・鼻・六十三）に朗詠《ろうえい》や催馬楽《さいばら》の楽譜と共に収録されていて、雅楽の合奏曲である「平調林歌《ひようじようりんが》」（唐楽の新楽）と合奏されるようになっていたので、昭和四十八年、国立劇場における日本雅楽会公演において復元演奏を行なったことがある。百年以上、勝林院蔵にねむっていた伝承の絶えた声明曲を復元する事には問題もあろうと考えたが、諸先生のご指導・ご協力によって無事円成したことを付記する。

天台宗の仏教儀礼の中で、法儀を荘厳ならしめるために唱誦し伝承されている多くの声明曲

は、中国仏教の最盛期といわれている唐代の声明の流れを引いていると考えられているものが多い。

平安時代の初期、すなわち中国仏教が唐の武宗の破仏（会昌二年〈八四二〉―会昌五年〈八四五〉）の法難（仏教弾圧）を受ける数年前である承和五年（開成三年〈八三八〉）に遣唐使と共に入唐し、承和十四年（大中元年〈八四七〉）に帰朝した慈覚大師円仁の九箇年にわたる中国旅行記である『入唐求法巡礼行記《にっとうぐほうじゅんれいこうき》』は、唐代中国の政治・経済・風俗・地理・仏教の現状および「会《かい》昌《しょう》の破仏」の悲惨な生々しい状況など、広汎な記録として有名である。

その中の、山東省赤山院での法要である講経儀式《こうぎょうぎしき》の状況を記録した開成四年（八三九）十一月二十二日の項に、

時に下座の一僧ありて作梵《さぼん》し（梵唄声明を唱えること）、一に唐風に拠る。即ち「云何於《いんかお》此経《しけい》」等の一行の偈を云うなり。「願仏開微密《げんふつかいびぴち》」の句に至って、大衆は同音（合唱すること）に唱えて「戒香、定香、解脱香」等と云う。

と記されている。この一行の偈は、『涅槃経《ねはんぎょう》』の偈であり、迦葉菩薩が釈迦如来に、

云何於此経《いんかおしけい》　究竟到彼岸《くけいとうひがん》
願仏開微密《げんふつかいびぴち》　広為衆生説《こういしゅじょうせつ》

いかにすれば此の経によって仏の世界である彼の岸（涅槃・悟りの境地）に到達することが

できるのでしょうか。願わくは仏よ、秘密を開いて、広く衆生の為に説きたまえ。

と訊ねたてまつる偈文の声明曲である。

天台声明では、はじめの二字をとって「云何唄《うんがばい》」と名づけられ、「密教唄《みっきょうばい》」とも呼び密教法要（曼荼羅供など）に用いられる曲で、顕教法要（四箇法要など）に用いられる「顕教唄《けんぎょうばい》」である「始段唄《しだんばい》」とともに秘曲伝授物として取り扱われ、重要な曲として伝承されている。円仁が赤山院で聴聞した「云何唄」の音曲と、現行の天台声明の「云何唄」の音曲とを比較研究することはできないが、偈文が同文であり、円仁将来の声明曲の中で、秘曲として特別の扱いを受けて伝承されてきた音曲である。

「唄《ばい》」の字義は「うた」を意味するが、声明における「唄」は「唄匿《ばいのく》」の略である。唄匿とは梵語のパーサカ bhāṣā の音写語であり仏の徳を讃歎する歌という意味で、婆陟・婆師・梵唄とも訳されたのであるが、現在は梵唄という語は声明と同義に使用され、唄匿は「云何唄」「始段唄」「異説唄《いせつばい》（祝禱唄《しゅくとうばい》＝長寿唄《ちょうじゅばい》・毀形唄《きぎょうばい》＝出家唄《しゅっけばい》・行香唄《あんきゃんばい》・優波離唄《うばりばい》など）」を指す語として使用されている。特に、祝禱長寿唄や毀形唄は、偈文は異なるが音曲は同じ旋律であるので、唄《ばい》匿訶《のくこ》可状《かじょう》の伝授には「云何唄」と「始段唄」が唱誦されている。

二、声明曲

天台声明として伝承されている声明曲には、梵語（サンスクリット）を漢語に音写して唱えられている梵語曲、梵文を漢訳した経典や偈頌に音曲をつけて唱えられている漢語曲、和文の偈頌や和製漢文を訓読みして唱えられている和語曲がある。

―声明集二巻抄―

現在、天台声明の代表的な声明集として用いられている『魚山顕密声明集略本《ぎょさんけんみつしょうみょうしゅうりゃくほん》』（魚山《ぎょさん》六巻帖《ろっかんじょう》）は、十二世紀、承安三年（一一七三）に、魚山声明師家寛《けかん》（良忍の高弟）が後白河法皇に呈上した声明集『二巻抄』が原本であると考えられている。この『二巻抄』は、博士《はかせ》（声明音譜）は現今の只博士《ただはかせ》（目安《めやす》博士）よりやや古い形態のもので五音《ごいん》博士に基づきながらも、今日の目安博士的要素をも取り入れ詳細な笛譜の書き入れを持っている（『續天台宗全書　法儀1』に収録した覚渕自筆本・十三世紀前半）が、院政期の法会に用いられていた声明曲集として最古のものであるので収録曲名を紹介しようと思う。

声明集二巻抄　目次

講演音用　三礼《さんらい》対馬《つしま》　如来唄《にょらいばい》　始段唄《しだんばい》　同秘《どうひ》　中唄《ちゅうばい》　行香唄《あんきゃんばい》　散華《さんげ》　梵音《ぼんのん》　三条《さんじょう》
錫杖《しゃくじょう》　仏名《ぶつみょう》　六種《ろくしゅ》　伽陀《かだ》

涅槃音用　悲願讃《ひがんさん》　哭仏讃《こくぶつさん》　法華讃嘆《ほっけさんだん》　舎利讃嘆《しゃりさんだん》

灌仏音用　灌仏頌《かんぶつじゅ》　釈迦合殺《しゃかかっさつ》

天台供音用　惣礼詞《そうらいし》　勧請《かんじょう》　仏名《ぶつみょう》

羅漢供音用　惣礼詞《そうらいし》　勧請《かんじょう》　仏名《ぶつみょう》　文殊《もんじゅ》　合殺《かっさつ》　文殊讃《もんじゅさん》

顕教音用　読経対揚《どきょうたいよう》　発願《ほつがん》　四弘《しぐ》　勧請《かんじょう》　対揚《たいよう》　毀形唄《きぎょうばい》　梵唄懺法《ぼんばいせんぼう》　九条錫杖《くじょうしゃくじょう》
切音《きりごえ》

密教音用　四智讃《しちさん》梵語《ぼんご》　云何唄《うんがばい》　五讃《ごさん》仏《ぶつ》・法《ほう》・僧《そう》・蓮華《れんげ》・金剛《こんごう》　心略讃《しんりゃくさん》　諸天讃《しょてんさん》漢語《かんご》
吉慶《きっきょう》漢語《かんご》・梵語《ぼんご》　乞戒偈《こっかいのげ》　乞戒勧請《こっかいかんじょう》　授地偈《じゅじげ》　三力偈《さんりきげ》　驚覚真言《きょうがくしんごん》　阿《あ》
弥陀讃《みださん》

修正唱礼音用　惣礼頌《そうらいじゅ》　供養文《くようもん》　梵唄《ぼんばい》　後唄《ごばい》　三礼《さんらい》　七仏《しちぶつ》　黄昏《こうこん》　短声音用《たんぜいおんよう》　合殺《かっさつ》　回《え》
向《こう》　初夜《そや》　九声念仏《くしょうねんぶつ》

大導師音用　礼仏頌《らいぶつじゅ》　卅二相《さんじゅうにそう》伽陀《かだ》・仏名《ぶつみょう》　教化《きょうげ》　後誓《ごぜい》　揚勧請《あけかんじょう》　六種《ろくしゅ》
六時音用　供養文《くようもん》　如来唄《にょらいばい》　散華《さんげ》　咒願《しゅがん》　発願《ほつがん》　大懺悔《おいさんげ》　初夜偈《そやげ》　教化《きょうげ》
仏名音用　勧請《かんじょう》　揚経題《あげきょうだい》　拝経《はいきょう》上・中・下　御前頌《ごぜんじゅ》　九条錫杖《くじょうしゃくじょう》　仏名《ぶつみょう》　百石讃《ももじゃくさん》
布薩音用　浴籌頌《よくちゅうじゅ》　散華頌《さんげじゅ》　慶賀頌《けいがじゅ》　廻向頌《えこうじゅ》
引声音用　散花楽《さんからく》　四奉請《しぶしょう》　甲乙念仏《こうおつねんぶつ》　七五三《しちごさん》念仏　廻向《えこう》
廿五三昧勧請　勧請《かんじょう》　十二礼《じゅうにらい》　礼拝詞《らいはいし》

以上十四の分類項目を立てて約百曲が収録されている。実際にはこれ以上の曲目が唱誦されていたということは、天台供音用の中で中心ともいうべき顔真卿作の「天台大師画讃」や引声音用の中心である「阿弥陀経」などは別本として存在しているし、「十二礼」も一部が記されているのみである。

魚山六巻帖

家寛の『二巻抄』から抄出して六冊の「魚山集略本」を刊行したのが大原流声明家の憲真《けんしん》(?—一六八三)である。六冊に分冊して刊行されたので『魚山六巻帖《ろっかんじょう》』と呼ばれるようになり、しばしば改版されたが、宗渕《しゅうえん》(一七八六—一八五九)によって一巻にまとめられたが、「六巻帖」と呼ばれ続けて天台宗の基本的な声明本となっている。文化十二年（一八一六）宗渕改版の六巻帖は現在天台宗徒が使用している目安博士（只博士）のものであるが、その版刻原本に魚山声明師の静洞《じょうとう》（一八五八―一九二二）が宮・商・角・徴・羽の五音《ごいん》（声明の音階）を青色で註記し、旋律名（スク・ソリ・マクリなど）を朱色で註記した三色刷りの「六巻帖」も前記の『續天台宗全書　法儀1』に写真版で収録されている。

次に、『宗渕版・六巻帖』に収録されている五十三曲の声明曲を梵・漢・和に分類して紹介する。

梵語曲
四智梵語讃《しちぼんごのさん》乙様《おつよう》　大讃《だいさん》　仏讃《ぶつさん》　百字讃《ひやくじさん》　百八讃《ひやくはちさん》　吉慶梵語讃《きつきようぼんごのさん》　心略讃《しんりやくさん》　僧讃《そうざん》　普賢讃《ふげんさん》
阿弥陀讃《あみださん》　法讃《ほうさん》　蓮華部讃《れんげぶさん》　金剛部讃《こんごうぶさん》　驚覚真言《きようがくしんごん》　四智梵語讃《しちぼんごのさん》甲様《こうよう》　（以上、六巻帖、
一五曲）

漢語曲
始段唄《しだんばい》　中唄《ちゆうばい》　散華《さんげ》乙様　梵音《ぼんのん》　三条錫杖《さんじようしやくじよう》　仏名《ぶつみよう》（二曲）　伽陀《かだ》（四曲）　毀形唄《きぎようばい》
九条錫杖《くじようしやくじよう》　三礼《さんらい》　如来唄《によらいばい》　六種《ろくしゆ》　後唄《ごばい》　四智漢語讃《しちかんごのさん》呂曲　云何唄《うんがばい》　散華《さんげ》甲様　対揚《たいよう》
供養文《くようもん》　唱礼（四曲）　九方便《くほうべん》　五悔《ごげ》　諸天漢語讃《しよてんかんごのさん》呂曲　吉慶漢語讃《きつきようかんごのさん》　乞戒偈《こつかいのげ》　諸天漢《しよてんかん》

語讃《ごのさん》律曲　授地偈《じゅじげ》　三力偈《さんりきげ》（以上、六巻帖、三五曲）

和語曲

法華讃嘆《ほっけさんだん》　教化《きょうげ》　伽陀《かだ》和光伽陀　（以上、六巻帖、三曲）

和語の声明曲はこれ以外に、

教化《きょうげ》（天台大師御影供・伝教大師御影供など各種御影供用や法華八講用などがある）

講式《こうしき》（六道《ろくどう》講式・涅槃《ねはん》講式・舎利《しゃり》講式・地蔵《じぞう》講式・天神《てんじん》講式・聖徳太子《しょうとくたいし》講式・慈恵大師《じえだいし》講式などがある）

があり、また、本《ほん》声明とは区別されてはいるが、

法則《ほっそく》（各種法要に簡単な音用を付して唱えあげる表白《ひょうびゃく》）

祭文《さいもん》（御影供《みえく》という各祖師を讃仰する法会において祭文師《さいもんし》によって朗唱される祈願文）

などもある。また『六巻帖』に収録されていない各種の伽陀（十種供養伽陀など）が数多くあるが旋律型は大同小異である。

天台大師供に唱誦される「画讃《がさん》」という唐代の文筆家である顔真卿《がんしんけい》が作詩した讃にならって、伝教大師廟讃《びょうさん》や慈覚大師徳行讃《とくぎょうさん》・慈恵大師徳行讃などがあるが、これらの音曲は「画讃」の旋律をもととして添譜ないしは作曲されたと考えられる音曲のものである。

その他の声明曲

以上の声明曲名には挙げられていないが、宮中御懺法講の三種の法儀として現在も三千院門跡において修されている「声明例時《しょうみょうれいじ》」「声明懺法《しょうみょうせんぼう》律様」「声明懺法呂様」の音曲もある。これは雅楽の付物《つけもの》（声明の旋律を三管または一管で伴奏する）や、付楽《つけがく》（声明の旋律とは別の雅楽曲を伴奏する）が演奏される古典音楽法要の曲である。

御懺法講は、後白河天皇（魚山法師家寛が『声明集二巻抄』を編集して伝授申し上げた）が、保元二年（一一五七）に宮中の仁寿殿ではじめられたという歴史をもつ法要である。

兵部卿平信範《たいらののぶのり》の日記である『兵範記《ひょうはんき》』の保元二年五月十四日の項に、

今夕於禁中被始行御懺法、僧八口、

とあり、『良基公記《よしもとこうき》　雲居《くもい》の御法《みのり》』（康暦二年（一三八〇）、後光厳院七回聖忌御懺法講の記録）にも、

後白河院の御世かとよ、保元のころ、ことさらに仏法をあがめられしかば、仁寿殿にて七日御せんぼうありき。そののちよ、のみかど、たび〳〵この御つとめありき云云

とあり、仁寿殿で七ケ日の御懺法が修されたのをはじめとして、江戸末期まで京都御所で、聖《せい》忌《き》（天皇の忌日）や、御忌《ぎょき》（皇后や准三后《じゅさんごう》の忌日）に修されていたものである。

応永十三年（一四〇六）に、清涼殿で修された後光厳院三十三回聖忌御懺法講の記録（魚山叢書・意・四）に、

応永十三年辛戌《かのといぬ》正月廿九日　後光厳院三十二廻之聖忌也
仍自二廿九日一七ケ日　於二禁裏一有二御懺法一被レ遂云云
廿六日天晴　今日於二菊亭一内々有二習礼一云云　習日二十七日　又習礼

と記されていて、平安時代の末ごろから始まった御懺法講は七ケ日も続く大法会であったことや、その三日前より二日間続けて習礼（本番のためのお稽古のこと）が菊亭において行なわれたことがわかる。菊亭とは今出川家のことで、琵琶を家業とする公卿であり御所にも近かったので習礼の場所となったのであろう。また、勤仕の懺法衆十口の筆頭に准三后鹿苑院義満《じゅさんごうろくおんいんよしみつ》が記され、次に義満に天台声明を指南した魚山法師勝林院良雄《りょうゆう》が挙げられていることも特筆すべきことである。江戸時代における禁中御懺法講は五ケ日の例が続いていたが、明治政府の神仏分離により朝廷における仏事は廃せられたのである。しかし、魚山蓮成院梅谷孝永（のち三千院門跡、妙法院門跡、天台座主歴任）の尽力により明治三十一年（一八九八）に復興し古儀の伝承が続けられていたが、太平洋戦争後の敗戦の混乱期に中断していたのであるが、戦後三十五年目の昭和五十四年（一九七九）三千院門跡神原玄祐の代に再度の復興が行なわれ、以後毎年五月三十日を御懺法講奉修日と定めて、一年一会ではあるが「声明例時」「声明懺法律様」「声明

懺法呂様」の三種の法儀を毎年繰り返して古典法儀の伝承が守られているのである。

他に、「極楽声歌《ごくらくせいか》」（「ごくらくしょうか」とも読む）という和語讃の声明もある。題名は雅楽の曲名そのもの、または同名の同音のあて字で十五曲ある。

慶雲楽《きょううんらく》　想仏恋《そうふれん》　往生急《おうじょうきゅう》　万歳楽《まんざいらく》　倍臚《ばいろ》　太平楽破《たいへいらくは》　三台急《さんたいきゅう》　裹頭楽《かとうらく》　甘州《かんしゅう》　郎君子《ろうくんし》

廻忽《かいこつ》　廻忽又様《かいこつまたのよう》　五聖楽破《ごしょうらくは》　五聖楽急《ごしょうらくきゅう》　蘇合急《そこうのきゅう》

平安後期に演奏された雅楽曲に合わせて唱詠できるように作詞され、雅楽の伴奏によって歌われたもので、詞章はいずれも阿弥陀如来の極楽浄土を讃嘆する曲である。平安後期に修された記録のある「順次往生講式《じゅんしおうじょうこうしき》」の次第のなかでは、極楽浄土讃嘆の文と置き換えた催馬楽《さいばら》（民謡の歌詞を雅楽の曲調にあてはめた歌謡で、貴族の宴遊や寺院の法会で歌われた）とともに法要に用いられた記録はあるが伝承は絶えている。昭和五十年、国立劇場における日本雅楽会公演において復元演奏を行なったことがある。「魚山叢書」眼・別巻二十に収録されている楽譜には「目安博士《めやすばかせ》」（現行の声明楽譜）が付してあり、拍子の数や種類も記入されているので、日本雅楽会の方々に雅楽曲「倍臚《ばいろ》」を演奏していただき、魚山声明研究会が「極楽声歌　倍臚」の唱誦を行なった次第である。

三、声明楽理

——音階——三分去益法と十二律——

天台声明が用いている音階は、中国の春秋・戦国の時代（紀元前七七〇―紀元前二二一）に確立したと考えられている三分《さんぶ》去益《きょえき》（三分損益《そんえき》ともいう）の法によって得られた楽音に基づいている。一世紀頃に後漢の班固《はんこ》が撰した『前漢書《ぜんかんじょ》』律暦志に、

五声（音）之本《もと》は黄鐘《こうしょう》之律九寸に生ずる（九寸の律管）を宮《きゅう》と為し、或は損し（三分の一を去り）、或は益し（三分の一を加え）、以て宮・商《しょう》・角《かく》・徴《ち》・羽《う》を定む。九六《くろく》の相生《そうしょう》（九寸六寸の運行・三分去益の法）、陰陽之応（六呂を陰とし六律を陽とす）也。律に十有二あり。（中略）其れ伝て曰く、黄帝《こうてい》（後記）之所作也。黄帝、冷綸《れいりん》（伶倫）を使して大夏《たいか》（後記）之西、昆侖《こんろん》之陰の竹之解谷《げこく》（後記）を取りて、其の竅厚《きょうこう》（後記）均しき者を生じ、両節の間を断じて之を吹き以て黄鐘《こうしょう》の宮と為す。十二の筩《とう》（後記）を制して以て鳳之鳴（後記）

を聴く云云

とある。黄帝《こうてい》（伝説上の天帝）が伶倫《れいりん》（音楽を司る役人）に、大夏《たいか》（西方にあるという伝説上の国）の西、崑崙《こんろん》（西方にある伝説の霊山で西王母《せいおうぼ》という不老不死の薬をもつ仙女が住むという）の陰に生えていたという解谷《げこく》（溝節のない竹）の竹をとり、竅厚《きょうこう》（穴の厚さ）の均しきもので、十二の筩《とう》（竹の筒）を制して鳳声《ほうせい》（正しい音）を定めたというのである。その基本の黄鐘《こうしょう》之宮を「九寸」とし、あるいは損しあるいは益して（三分損益之法）十二律を定めたという。

この十二律名は中国古代の月名でもあり、紀元前二二一年（秦の始皇帝統一の頃）に、呂不韋《りょふい》によって編集された『呂氏春秋《りょししゅんじゅう》』音律篇や、紀元前一二五年に前漢の劉安《りゅうあん》が著した『淮南子《えなんじ》』天文訓や、司馬遷《しばせん》の『史記《しき》』や、管中《かんちゅう》の『管子《かんし》』などに三分去益と五音・十二律相生の記述がある。

次に三分去益法による十二律相生の次第を示し、日本所用の律名を付す。

（中国律名）	（日本律名）	（管長）	（十二律呂）
黄《こう》鐘《しょう》	一《いち》越《こつ》	九寸	律
林《りん》鐘《しょう》	黄《おう》鐘《じき》	六寸	呂
太《たい》簇《そう》	平調《ひょうじょう》	八寸	律

南呂《なんりょ》	盤渉《ばんじき》	五寸三三三	呂
姑洗《こせん》	下無《しもむ》	七寸一一一	律
応鐘《おうしょう》	上無《かみむ》	四寸七四〇	呂
蕤賓《すいひん》	鳧鐘《ふしょう》	六寸三二〇	律
大呂《たいりょ》	断金《たんぎん》	八寸四二七	呂
夷則《いそく》	鸞鏡《らんけい》	五寸六一八	律
夾鐘《きょうしょう》	勝絶《しょうぜつ》	七寸四九一	呂
無射《ぶえき》	神仙《しんせん》	四寸九九四	律
仲呂《ちゅうりょ》	双調《そうじょう》	六寸六五九	呂
黄鐘	一越	四寸五〇〇（四寸四四二）	

右のごとく、長さ九寸の律管の発する音を基準音「黄鐘《こうしょう》」と名づけ、その長さを「三分損一」した管（六寸の律管）を「林鐘」とし、「林鐘」を「三分益一」した管（八寸）を「太簇」とする。以下「損一」及び「益一」を交互に繰返して順次に「南呂・姑洗・応鐘……」と算出し、これを低音から順次に「黄鐘・大呂・太簇・夾鐘・姑洗……」と配列したものが十二の音階である。

基準音である九寸の律管より発する音高を「黄鐘《こうしょう》」と名づけたのは、『漢書』律暦志に、

黄鐘ノ黄ハ中ノ色、君ノ服ナリ鐘ハ種ナリ

とあるところから、五色（白・赤・黄・青・黒）の中心の色（中ノ色）が黄であり天子の服の色でもあり、鐘は音の種（基本）であるからであるというのである。『淮南子』本経訓の「注」に、

鐘ハ音ノ君ナリ

とあるところから、すべての音の基本となる九寸の律管の音名を「黄鐘《こうしょう》」と名づけたのであろう。

中国古代の律名は、唐代に日本に移入されたのであるが、日本所用の律名は、平安後期に雅楽が日本的に整備されたころに制せられたものであろうと考えられている。

ここで問題になるのは、中国古代の律名にも日本所用の律名にも「黄鐘」があることである。

兼好法師の『徒然草』二百二十段に、

凡そ鐘の声は黄鐘調なるべし。これ無常の調子、祇園精舎の無常院の声なり。

とある。「おうしきちょう」と読めば、日本所用の律名であり、洋楽でいう「A」の音に近い音になり、「こうしょうちょう」と読めば、中国古代の律名であり、洋楽でいう「D」の音に近い音になり、日本所用の律名では一越調の音になるのである。

同じく『徒然草』二百二十段に、

浄金剛院の鐘の声、また黄鐘調なり。

とある。浄金剛院は、後嵯峨上皇（一二二〇―一二七二）が亀山殿（天竜寺現在地にあった離宮）の北に建立された寺である。同じく二百二十段に、

西園寺の鐘、黄鐘調に鋳らるべしとて、あまた度、鋳かへられけれどもかなわざりけるを遠国よりたづね出されけり

とあるをみれば、その音階を第一に考えて鋳造がなされていたことを知ることができるのである。西園寺は、西園寺公経《さいおんじきんつね》が一二二四年に衣笠山の麓（金閣寺現在地）に創建した寺であり、その鐘は現在妙心寺にあり、文武天皇即位二年（六九八）に鋳造されたという銘のある鐘で国宝に指定されていて、銘のある鐘の日本最古のもので音位は洋楽の「D」に近い「こうしょうちょう」である。徒然草の黄鐘調《こうしょうちょう》を「おうじきちょう」と読んだところから「天下の名鐘は黄鐘調《おうじきちょう》」と決められてしまったのであろう。

また、中国古代の律名は、月名でもあり、平成十年十一月吉日と記すところを、平成十年黄鐘吉日と記す場合があることを付記する。

次に、これらの関連事項を表にしてみる。

中国古代の月名	中国古代の律名	日本所有の律名	洋楽平均律近似値	律旋法一越調の五音	呂旋法一越調の五音	中曲旋法一越調の七声	呂旋法一越調の七声
十一月	黄鐘	一越	D	宮	宮	宮	宮
十二月	大呂	断金	E♭・D♯				
一月	太簇	平調	E	商	商	商	商
二月	夾鐘	勝絶	F			嬰商	
三月	姑洗	下無	G♭・F♯		角		角
四月	仲呂	双調	G	角		角	
五月	蕤賓	鳧鐘	A♭・G♯				反徴
六月	林鐘	黄鐘	A	徴	徴	徴	徴
七月	夷則	鸞鏡	B♭・A♯				
八月	南呂	盤渉	B		羽	羽	羽
九月	無射	神仙	C	羽		嬰羽	
十月	応鐘	上無	D♭・C♯				反宮

―三種の旋法―

声明楽理の基本を示す語として、三種《さんしゅ》・五音《ごいん》・七声《しちしょう》・十二律《じゅうにりつ》という語がある。
三種とは、呂・律・中の三種の旋法のことである。呂旋法は上記の表に示すごとく、宮《きゅう》から二律上の音を商《しょう》、その二律上を角《かく》、角の三律上を徴《ち》、その二律上を羽《う》とする五音階の旋法である。呂曲・一越調であれば、一越＝宮、平調＝商、下無＝角、黄鐘＝徴、盤渉＝羽、という五音の旋法でその曲の音階が定められているということである。呂曲・盤渉調であれば、宮＝盤渉、商＝上無、角＝断金、徴＝下無、羽＝鳧鐘、という配列になる。律旋法の五音は、宮から二律上を商、商の三律上を角、角の二律上を徴、徴の三律上を羽とする五音の旋法である。律曲・一越調であれば、一越＝宮、平調＝商、双調＝角、黄鐘＝徴、神仙＝羽、という五音階の配列になる。中曲旋法には上記の表に示すごとく嬰商《えいしょう》（商の一律上の音）、嬰羽《えいう》（羽の一律上の音）の音を加えて七音の旋法ということになる。また、呂旋法においても曲によっては、反徴《へんち》（徴の一律下の音）、反宮《へんきゅう》（宮の一律下の音）の音を加えて七音の旋法ということになる。

この三種の旋法について、湛智が著した鎌倉初期の声明楽理書である『声明用心集《しょうみょうようじんしゅう》』には、前出の平安中期に安然が著した『悉曇蔵《しったんぞう》』第二巻・笛の説の五音をインドの五音とし、これを中曲旋法とし、中国唐代の音楽理論書（天平七年〔七三五〕に吉備真備《きびのまきび》が請来）である『楽《がく》書要録《しょようろく》』（全十巻、巻五―七の三巻現存）の五音を中国の五音とし、これを上曲（呂曲）旋法とし、和国神楽の五音を日本の五音とし、これを下曲（律曲）旋法と指定している。湛智の『声明目録《しょうみょうもくろく》』や、宗快の『魚山目録《ぎょさんもくろく》』には、各種の声明曲ごとに、旋法・調子・出音位などが指定されているが、旋法については現行の各曲の実唱は、ほとんど律曲旋法によっていて、『目録』の指定にあっていない部分が多いのが実情である。

声明は、円仁将来以来、師資相承《ししそうじょう》（師匠から弟子へ次第に伝えていくこと）・面授口訣《めんじゅくけつ》（師匠から弟子に口伝えで直接伝授すること）で伝承されてきたいわゆる伝承音楽であるが、鎌倉初期に雅楽の楽理が依用されて理論的に伝承されるようになり、口伝・口訣であった伝承の事項が廃忘にそなえて口訣書が作成され、もろもろの楽理が理論づけられ記述されるようになったのである。鎌倉以降には多くの声明家が楽理書や口訣書を書き著し、弟子たちによって書写されて現在に及んでいるのである。

音階の起点――五音と十二律

次の、五音《ごいん》というのはすでに述べているごとく、音階を構成する五種の音で、その音階構成上の起点になる音を「宮《きゅう》」といい、順次上方に向かって「商《しょう》」「角《かく》」「徴《ち》」「羽《う》」という音を、一オクターブ十二の音の中から前述の旋法（三種の旋法）によって定めるのであるが、「反徴《へんち》」

「反宮《へんきゅう》」または「嬰羽《えいう》」「嬰商《えいしょう》」を加えて七声《しちしょう》という音階を用いる曲もある。

この五音・七声を楽譜の中に表記する場合、それぞれの文字の一部をとって、宮＝ウ、商＝六、角＝ク、徴＝山、羽＝ヨ、と略記することになっている。また、反宮＝反ウ、嬰羽＝⺍女ヨ、と略記されている。

次に十二律については、前記の表にあるごとく、中国古代の十二律名と、日本所用の十二律名のあることは述べたが、『声明用心集』をはじめ多くの天台声明の楽理書には、中国古代の十二律名と日本所用の十二律名の両方が混用されていることを付記しておく。

例えば、横笛の図を示し、六《ろく》の穴を宮・一越《いちこつ》、干《かん》の穴を商・平調《ひょうじょう》、上《じょう》の穴を角・双調《そうじょう》、夕《さく》の穴を徴・黄鐘《おうしき》、中《ちゅう》の穴を羽・盤渉《ばんじき》と註記した傍註に、

今《こ》ノ図《ず》者《は》、八巻蔵《はちかんぞう》ニ依《より》テ、一越調《いちこつちょう》ノ五音《ごいん》ニテ之《これ》ヲ註《ちゅう》ス。是《こ》レ黄鐘調之《こうしようちようの》笛《ふえ》ノ故也《ゆえなり》

と記されている。読み仮名は筆者が註したものであるが、黄鐘調のところを「おうしきちょう」と読んでしまえば意味が通じなくなってしまうのである。

―声明楽譜・博士―

各声明曲の楽譜のことを「博士《はかせ》」という。唱誦される詞章の文字の周辺に記されている記号のことで、天台声明には「古博士《こはかせ》」「五音博士《ごいんばかせ》」「只博士《ただはかせ》（目安博士《めやすばかせ》）」の三種の博士があるが、

現在は目安博士が使用されている。次に「始段唄《しだんばい》」という天台系諸宗派で用いられている顕《けん》教唄《ぎょうばい》（四箇《しか》法要に用いる唄）の楽譜の一部を掲載して解説を加える。

古博士

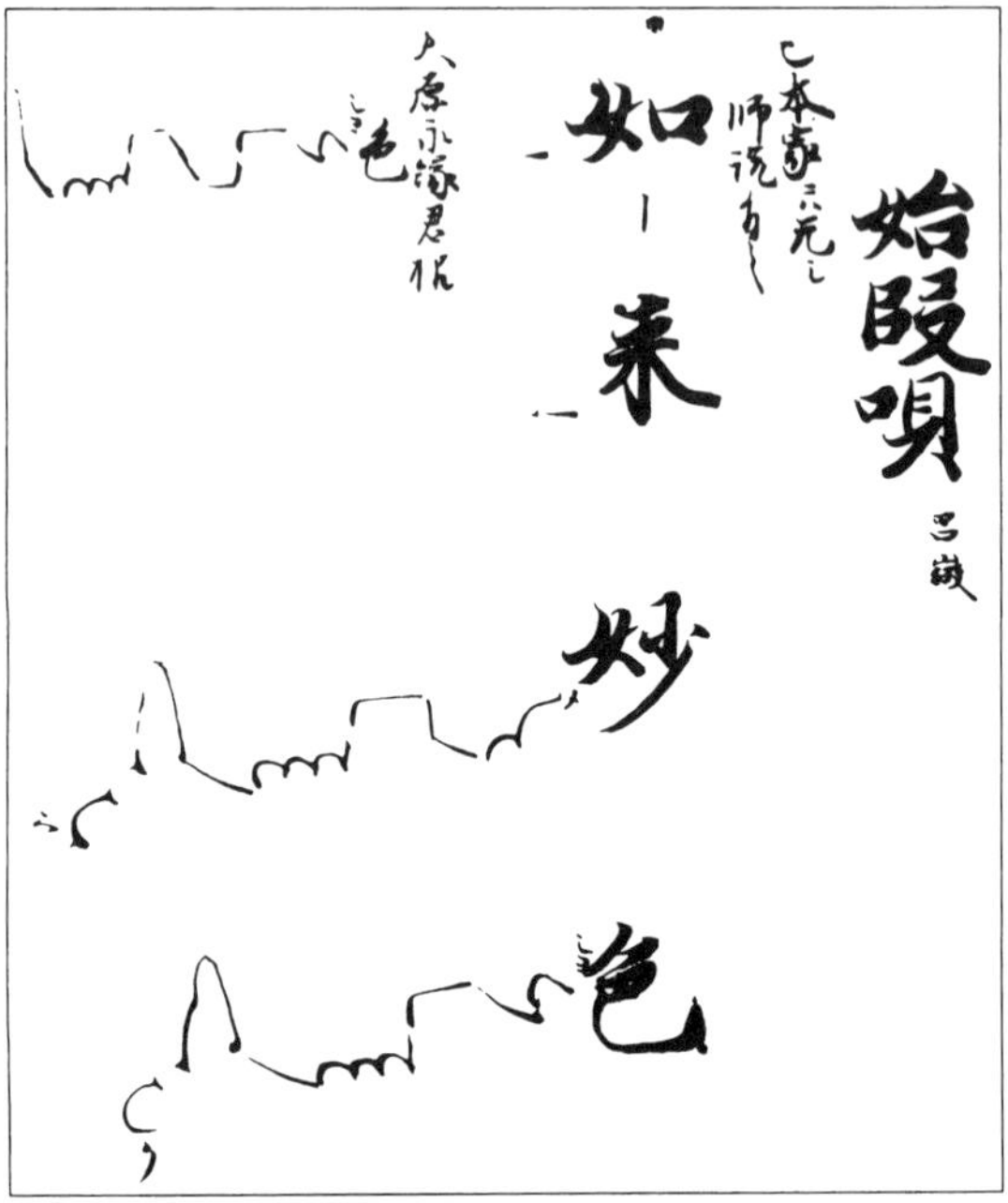

目安博士

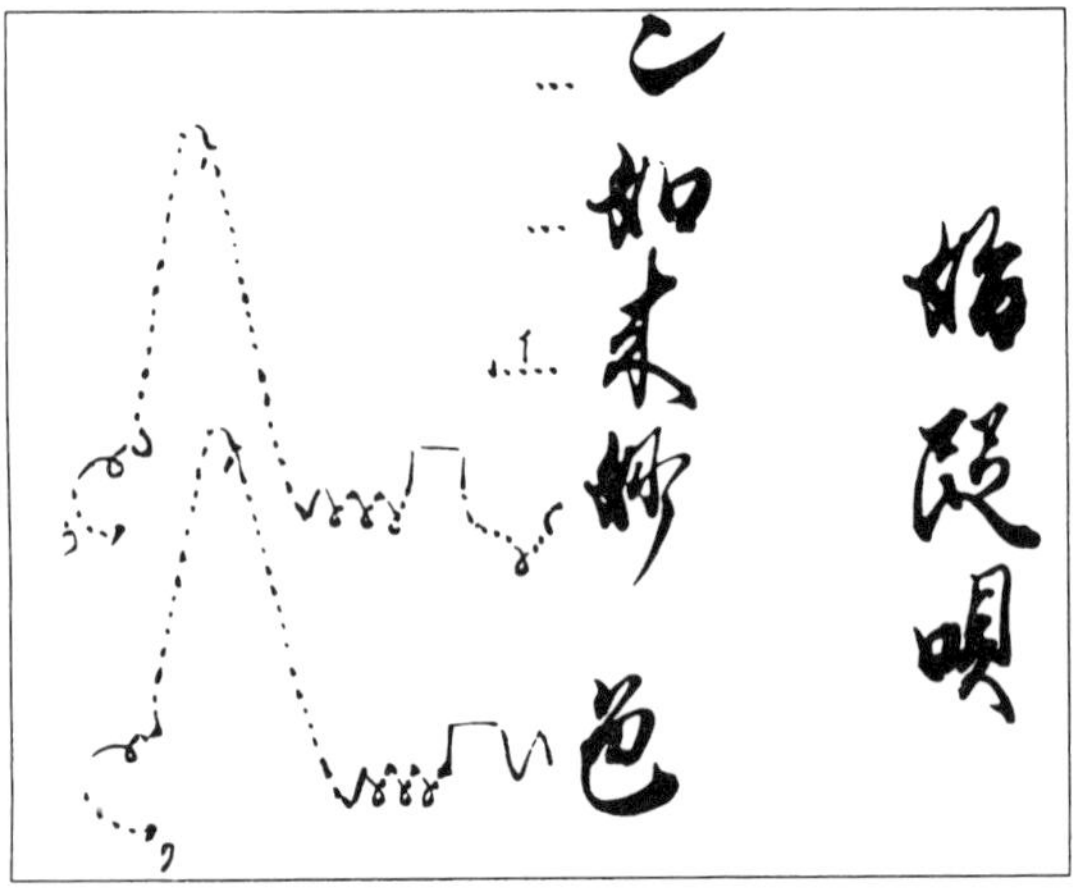

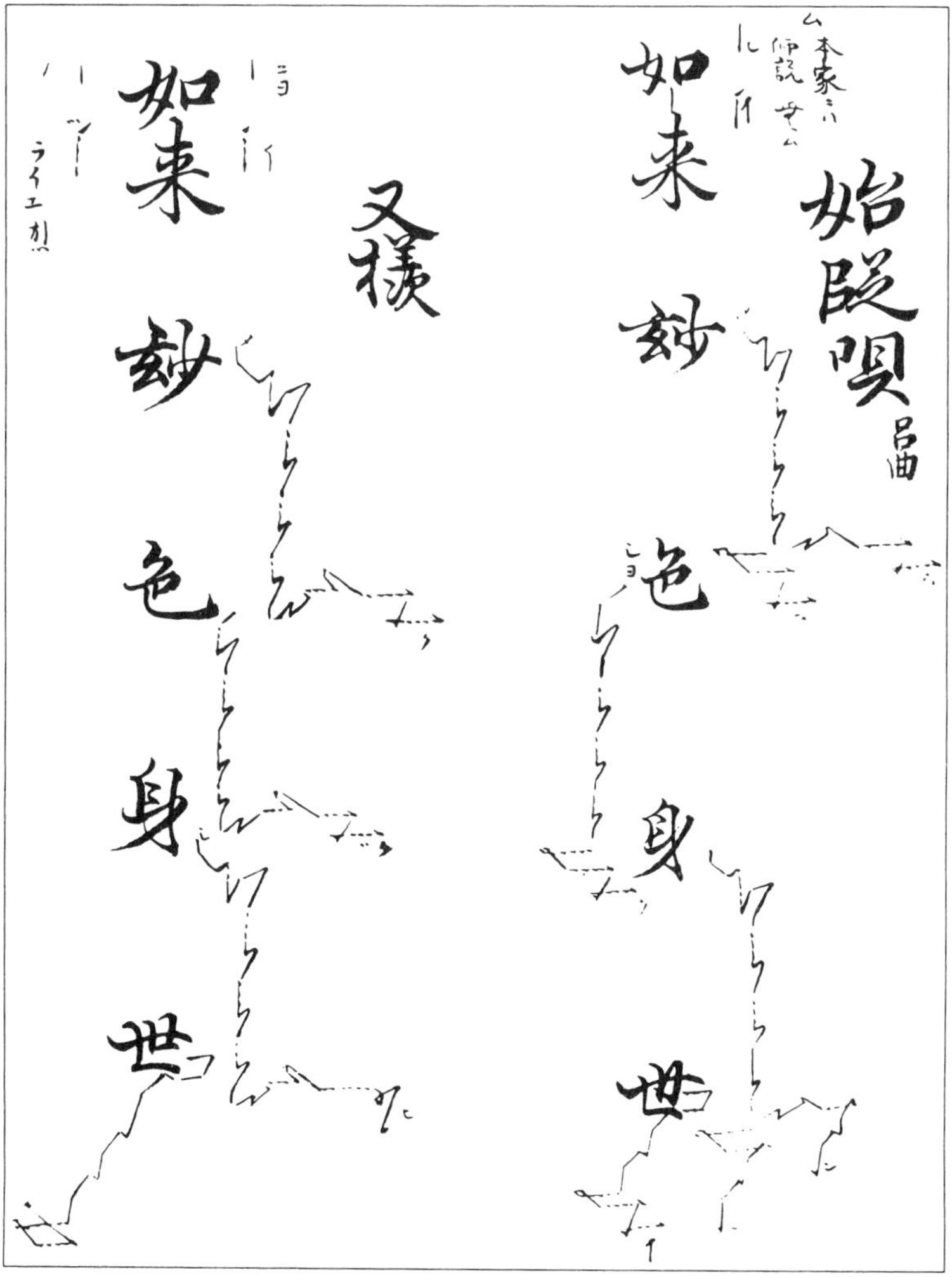
始讃唄
呂曲
如来妙色身世
又様
如来妙色身世

古博士は、声明の記譜法として最も古いものと考えられるが、面授口訣で習得した曲節を廃忘に備えて音の上がり下がりや旋律を線書きにしたものである。鎌倉中期の魚山法師、月蔵房《がつぞうぼう》宰円《さいえん》が建治元年（一二七五）に著した『弾偽褒真抄《たんぎほっしんしょう》』に、

オホヨソ声塵《しょうじん》（音声という対象）ハ耳根《にこん》（六根の聴覚器官）所対ノ境。博士《はかせ》（墨譜）ハコレ色塵《しきじん》（いろと形という対象）眼根《がんごん》（六根の視覚器官）所対ノ境也。声塵ヲ目ニミルベキヤウノナケレバ。面授口決ノノチ廃忘ニソナヘンタメニ。声ノアガリサガリヲ絵ニカキアラハシタルヲ博士ト八云也。タダシコレ約束シタルモノ也。

と記しているごとく、その曲節を習得した者にとっては備忘のため便利であるが、そうでない者がこれによって唱誦することは不可能である。

カトリックの古典教会音楽であるグレゴリオ聖歌（六世期末・ローマ教皇グレゴリウス一世が編集した聖歌集）も、声明博士に類似したネウマ式記譜法であったようである。ネウマとはラテン語で記号・合図を意味し、旋律の上行・下行の動きを線状の形で示す原始的記譜法である。筆者は二十数年前、ラトビア（現・ラトビア共和国）の首都リガの教会（ロシア正教でない小会派の教会）で、ラテン語の聖歌集に付されたネウマ譜で讃美歌を合唱（単旋律の男声）するのを見たことがある。グレゴリオ聖歌は十三世紀頃、四線譜と四角音譜が考案されて、より合理的に記譜されるようになり、それをもとにして更に進歩し改革されたのが今日の洋楽五線譜であ

るということである。しかし、声明博士もある程度の改良は試みられている。

　それが、五音博士である。五音すなわち、宮・商・角・徴・羽の五音の音階を正確に記譜できるよう考案された博士であり、平安末期から鎌倉初期ごろより使用され始めたものである。五音博士は、文字に対して左右上下の直線や斜線に五音のどの音を指すかを約束規定しておき、それにより正確に音階を記譜しようという楽譜である。この五音博士の楽理は、湛智（一一六三―一二三七?）が承久元年（一二一九）より書き記した楽理書である『声明用心集《しょうみょうようじんしゅう》』に図示されている。

一、律曲（下曲）（和国神楽ノ五音）

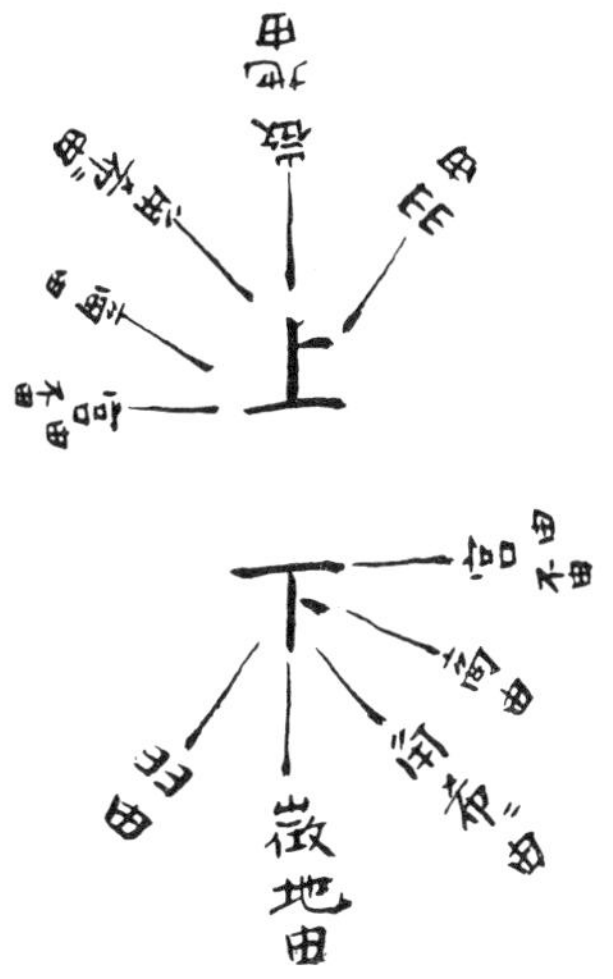

二、呂曲（上曲）（楽書要録ノ七音）

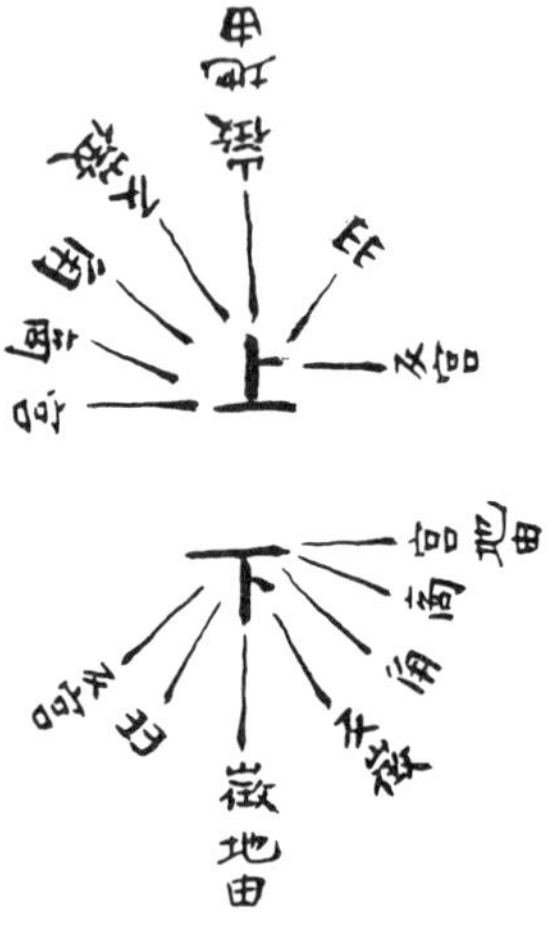

三、中曲（中曲）（悉曇五七両音）

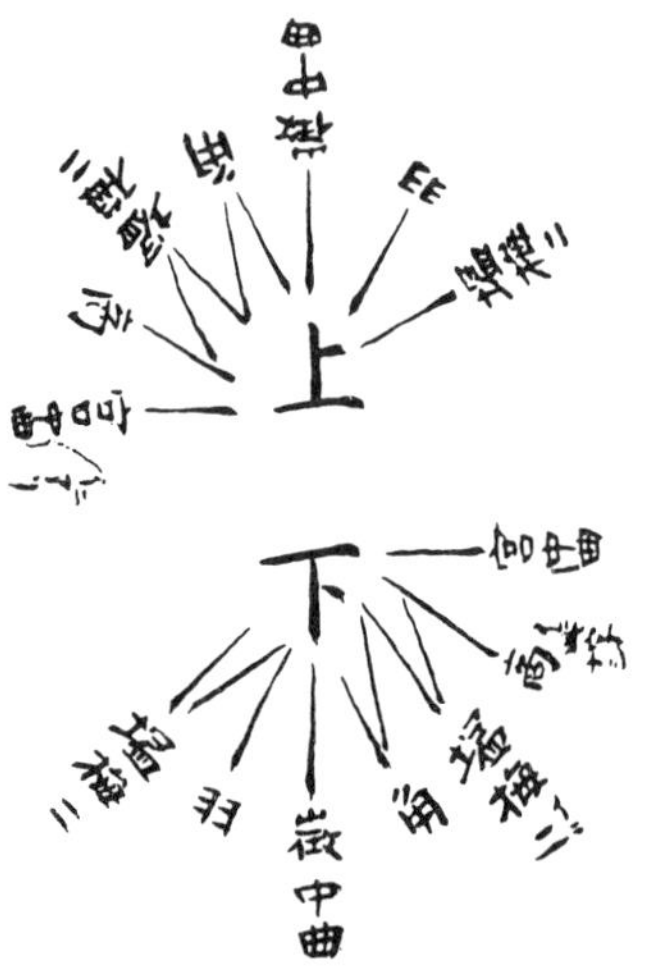

しかし、声明実唱においては五音（宮・商・角・徴・羽）や七声（五音に反徴・反宮を加えたり嬰羽・嬰商を加えた七音階）以外の塩梅音《えんばいおん》（装飾的かつ導音的な音で、天台声明ではとくに意識して唱え、重要な位置づけがなされている）や経過音が存在するので、これらも含めて旋律型を可視的に図示しようと工夫を加えた目安博士が鎌倉初期に考案されて、さらに改良を加えて現行の目安博士ができあがったのである。目安博士の決定版ともいうべきものが、文化十三年（一八一六）に宗渕が改版した前出の『魚山六巻帖』である。次に、『宗渕版・六巻帖』の「始段唄」の博士に、静洞（一八五八―一九二二）が五音を青色で、旋律名を朱色で註記した三色刷の「始段唄」の墨譜を掲載して解説を加える。

始段唄が呂曲の旋法であることは古博士や五音博士にも記されているが、宗渕版には「呂曲・乙様・出音徴」と版刻されている。乙様というのはこの曲は乙音を核音としているということである。宮の音を核音とする曲を「甲様」と呼び、徴の音を核音とする曲を「乙様」というのである。そしてはじめの旋律が徴の音よりはじまるので「出音徴《しゅっとんち》」と記されているのである。次に調子が双調であるので「双調」と記し、呂曲・双調のこの曲は、宮＝雙（双調）、商＝黄（黄鐘）、角＝盤（盤渉）、徴＝一（一越）、羽＝平（平調）、反宮＝下（下無）、の音で成りたっていると示しているのである。更にその上に長方形を描き、その左側に（曲によっては右側に記す）下から左へ直線を描き「徴」と記されているのは、その字の左下から横に出ている旋律型の出音は徴の音である、中程から斜め上に伸びる旋律は反宮から始まる、上から横に伸びる直線は宮の音であるということを現わしているのである。これは、それまで別本として存在していた『魚山目録』(宗快が一二三八年に造図した記譜上の原則を曲別に示した一覧表)を、曲ごとに曲名の次に版刻して後学の者に利便ならしめたものである。さらに静洞は前記のごとく各旋律を表わす旋律名を朱註で(ニ=ユリニ、タレコヘ=スク・イロニ・タレ、フ回=踏ミ上ゲマワシ、スク=直ク等々)示し、その旋律の始めの音位を青註で(山=徴、夕=角、六=商、ウ=宮、反ウ=反宮、ヲ=羽)示したものである。

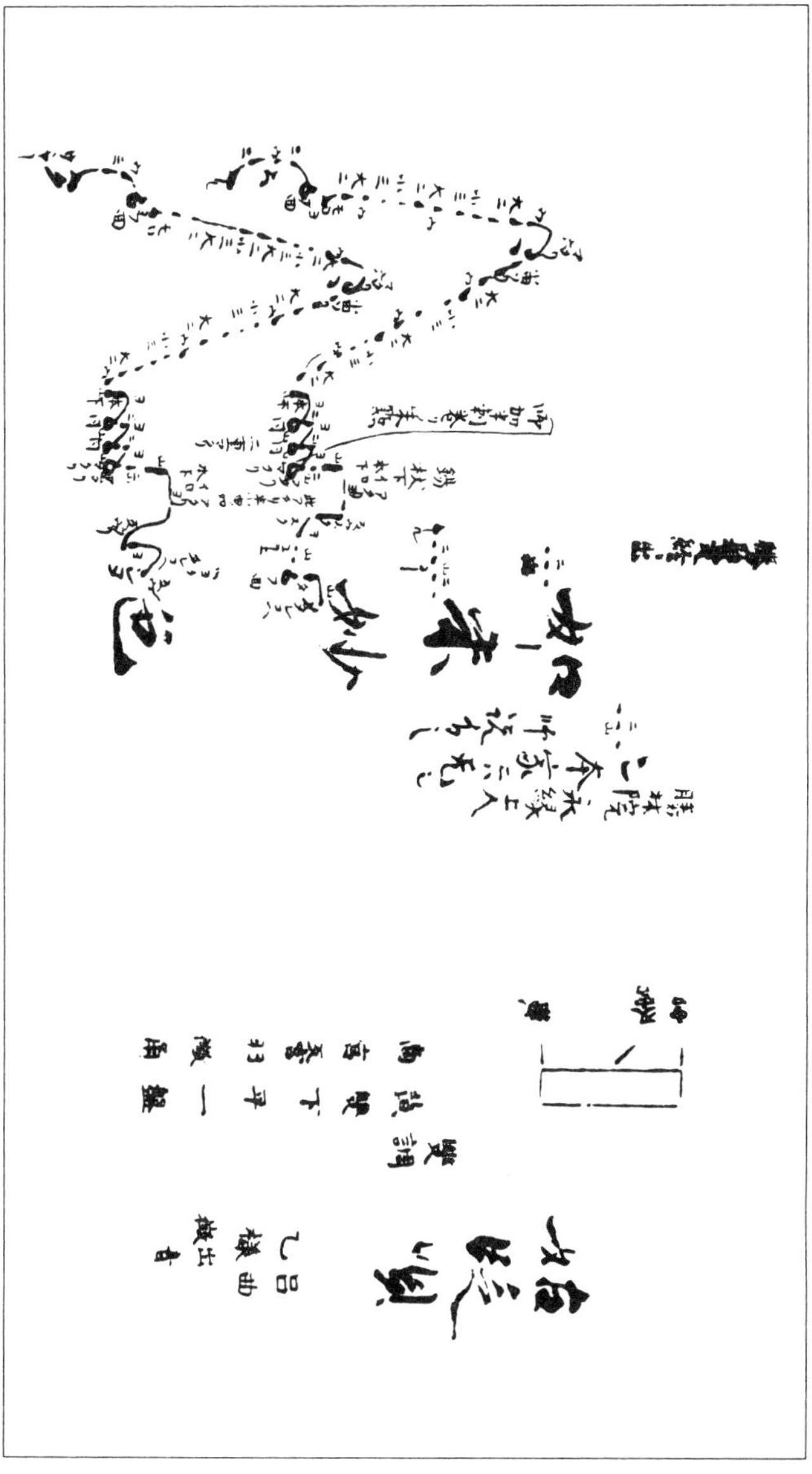

『續天台宗全書 法儀1』所収、『魚山六巻帖』より（113頁）

次に現行の目安博士（只博士）による天台声明各種旋律型について、言語表現と廻旋譜表現の二様により解説を付す。

一、スグ（直ク）

「スグ」は「直ぐ」であって、まっすぐで曲がっていないさまを表わす。宮スク・商スク・角スクなどといい、五音のすべての「スク」が考えられるが、その曲の核音である宮または徴の「スク」が多く、安定した音位で唱えられる場合が最も多い。

本体は直線的に一音を引く形であるが、前後に塩梅音（前倚音・後倚音）を付して唱えるのが常である。商スクの場合のごとく前倚音を付さずに発音するときなどには、「スクに出す」という朱註などが付されている。楽曲終了の場合の「スク」には後倚音は付さない。

二、ユリ（由里）

「ユリ」とは、ゆれうごくことであり、核音である宮または徴の「スク」を基本として、浅く滑らかに揺る（一律の三分の二程）「呂性のユリ」や、それよりも深く強く揺る「律性のユリ」などがある。

また時間をかけてゆっくり大きく揺る「大ユリ」や、それよりも小きざみに短く揺る「小ユリ」がある（始段唄など）。

律性のユリでアクセントの強い「押ユリ」があり（九条錫杖）、同じくアクセントの強い「一つユリ」を「中由」といい、「一つユリ」の途中で仮名をひらうのを「カナユリ」という。

「ユリ」は「三つユリ」を基本とし、「二つユリ」を略とする。

「ユリ二」は仮名で連続させるものを「ユリ分ケ」または「カナ分ケ」という。「ユリ分ケ」は本来切らずに一息で唱えるものである。略用などの場合に「ユリ一」の「カナ分ケ」を用いる曲もある。

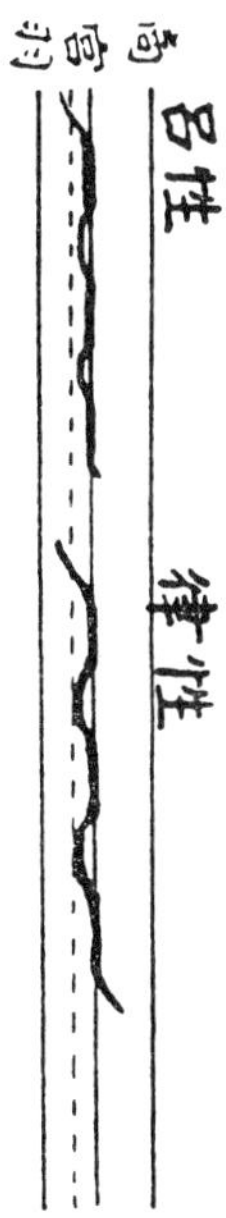

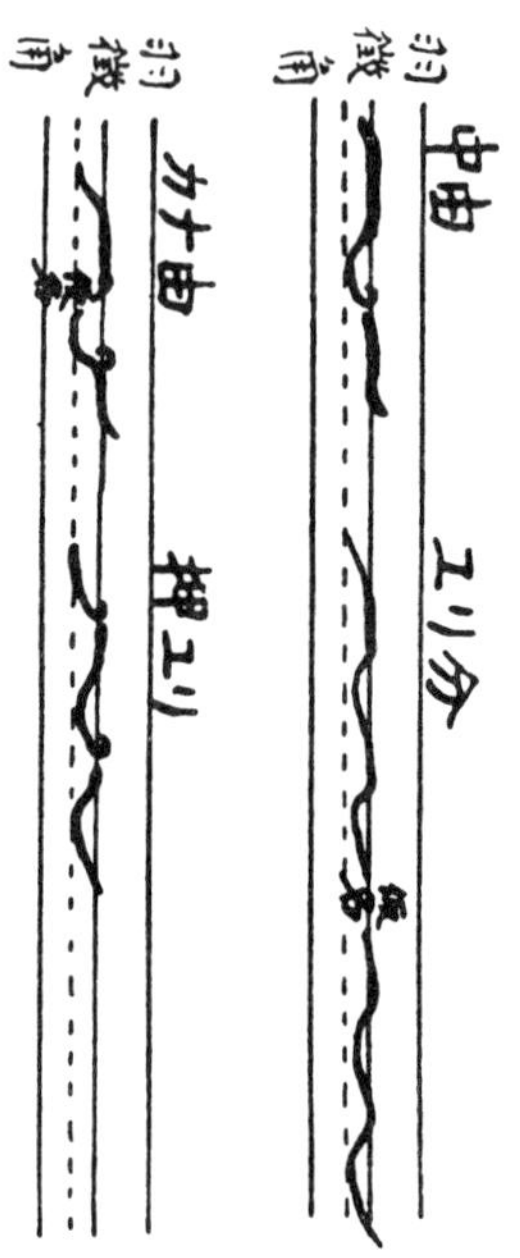

三、ユリ上ゲ

宮または徴の「ユリ三」を基本として、二様の伝承がある。

（1）「ユリ二」の終りの音を二律上昇させて更に「ユリ一」を行なうもの。

（2）「ユリ三」の終りの音を少々低く下げて約三律上昇させるもの。

四、律ユリ

塩梅の強い「スク」を二回（律由一）、または三回（律由二）連続して行なうもので、初めのスクの後倚音を強くツメル（律を行なう）のと、後のスクの前倚音を強くすくい出すユリである。最後を「キリ」で結ぶ場合が多い。

五、小由・小由ソリ

商または羽で「スクに出し」（塩梅を付さず）、やわらかに声をつまらせ（律を行ない）、もとの音を続けて浅く「タルミ」を付して元の音に復する。

小由は商・羽に限るという口決もあるが、実唱には希に「角小由」を使用する曲もある。

小由・ソリと続く場合は、「半小由」（小由の半分という意味で、後のタルミを付さない形）で声を切ったのち、「ソリ」を添える複合旋律型になる。

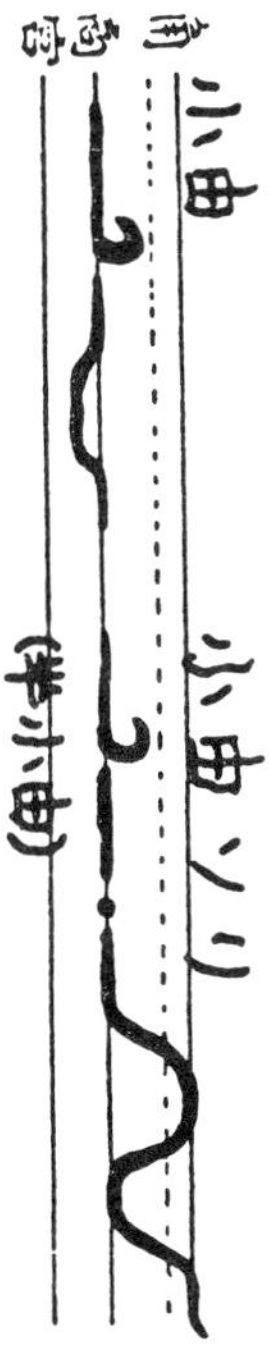

六、ソリ（反リ）

商または徵より、なめらかに一律・二律・または三律ソリ上リ（上昇する）またもとの音にむかってなめらかに下降し、さらに先の音位まで上昇するものである（あとはユリ味という口決もある）。

商よりソルものを「商ソリ」といい、徵よりもソルものを「羽ソリ」という。「呂性のソリ」は浅く、「律性のソリ」は深く反りあがる。ともに、なめらかに反り移ることが肝要である。

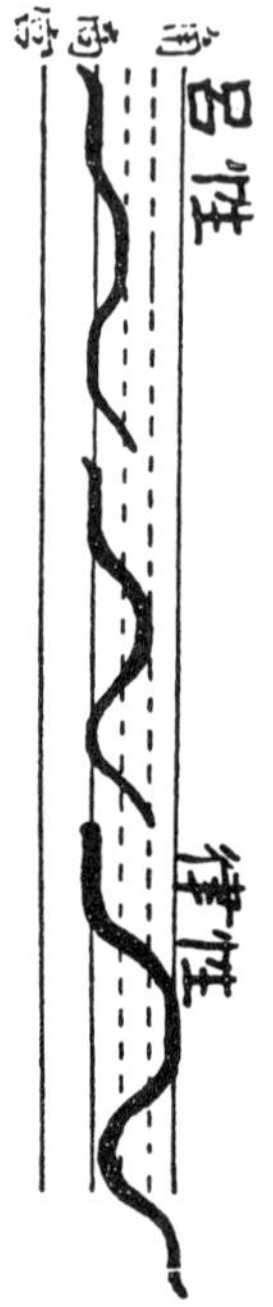

七、半ソリ

ソリの半分という意味であるが、次に続く旋律型によって二種のものが考えられる。

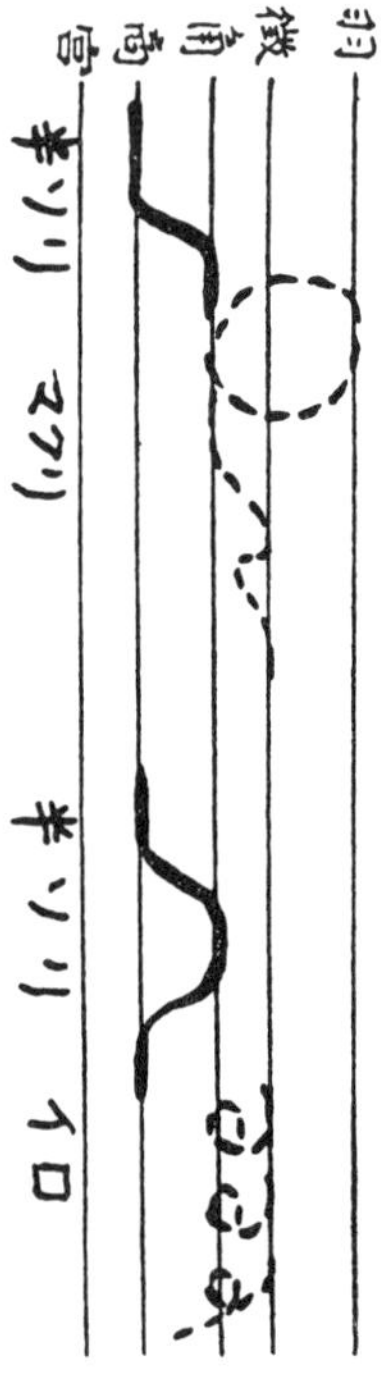

八、律ソリ

「律性のソリ」と同じ音の動きをするものであるが、低位の音より、大きくアタリ上げて（律を行ない）、後を大きくソル（ユリ味）ものである。商・羽・宮・徴よりはじまる。律曲の旋律型。

九、カナ上（仮名上）・アタリ上

商・宮・角・徴より一音（二律または三律）ゆるやかに上げ、ツメテ（アタッテ）仮名をひらって「スク」を行なう（音をたもつ）ものをカナ上という。仮名移りせず一音上げて当り、音をたもつ（スクを行なう）ものを「アタリ上ゲ」という。

十、フミ上（踏上）

「スク」または「ユリ」の後に続く旋律型で、先行する旋律の最後の音をうけて、「スクに出し」一音大きく（ゆるやかに）ソリ上り軽く当たってタルムものである。「律ソリ」に似ているが、後が浅いタルミである。この旋律のあとには「浅下り」または「ソリ」が続くのが常である。

十一、押シ出シ

曲のはじめ（または同音のはじめ）に、核音より低位の音（徴音に対して商）を塩梅音として掬い出して角音を経て徴音まで大きくソリ上り軽くマクリを行ない、角音を短かくひっかけて早々に徴音に至らせるもので、この後に核音である徴の「ユリ」が続くのが常である。

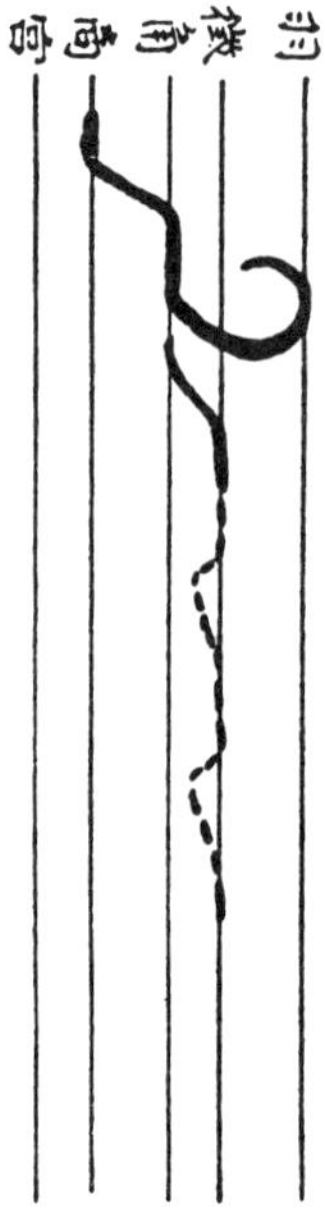

十二、マクリ（巻り・捲り）・打マクリ

商塩梅よりスクイ出し、角音を基にして五律ソリ上げ、徐々に角音にもどし、徴音へ上昇して「ユリ」を付けるのが原型である。これを「角マクリ」と呼び、「羽マクリ」もある。他の旋律型と複合する場合が多い。

「打マクリ」というのは、「スク・マクリ」のことで、先行するスクの音位で塩梅を付さずにマクリをはじめる。「マクリ・イロ」という複合型の場合は、あとの「ユリ一」を付さないマクリである。

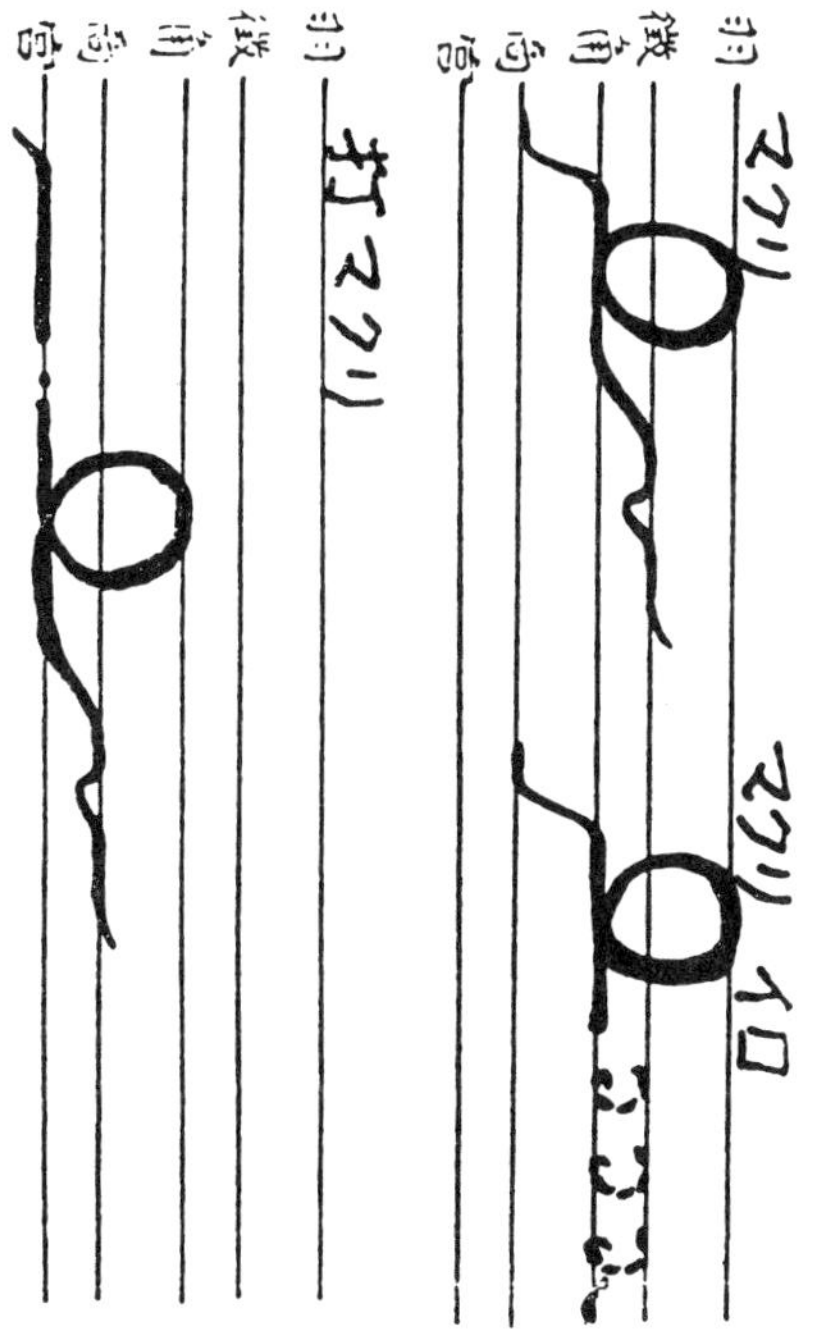

十三、アタリ（当り）・アタリ下ゲ

「スク」に出した声をツメて、もとのスクにもどす型が「アタリ」㋑の基本である。しかし、他の旋律との複合において異なる型を現わすのである。

角を出し、徴に上げてアタリ、五律下げて商を出して元の角にもどす「アタリ」㋺もある。

また、角を出し、徴に上げてアタリ、五律下げて商を出すまでを「アタリ」㋩と考え、次の旋律型（イロ）に移る型もある。

また、徴を出してアタリ、五律下げて商を出すまでを「アタリ」㊁と考え、次の旋律型（イロ）に移る型もある。

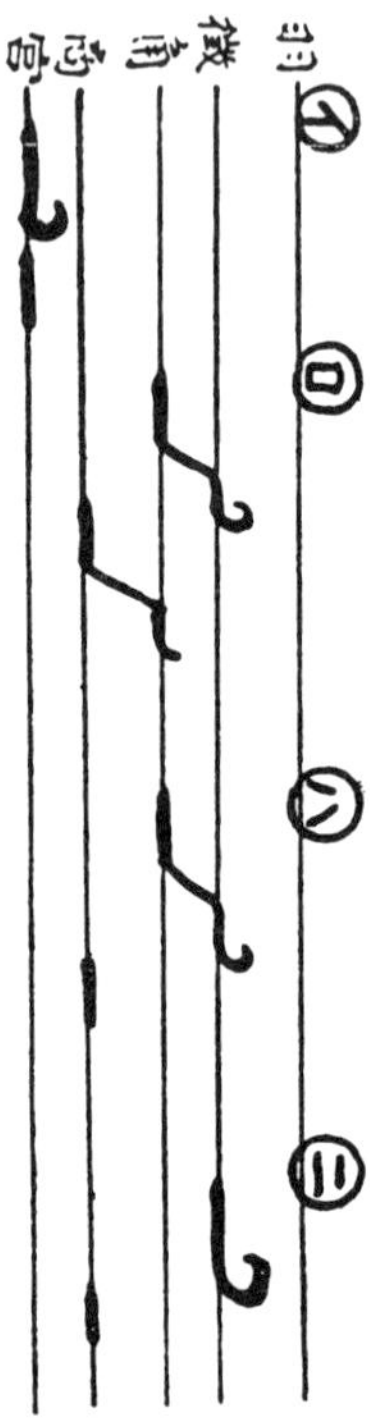

十四、カタ下ゲ（片下）

宮スクを出し、商に上げて軽くアタリ、五律折り下げて羽に至り、元の宮音に移る型である。

宮商羽宮あるいは角徴商角という音の動きは「アタリ・㋺」と同型であるが、唱法は「法華懺法」の総礼三法の「心」のごとくである。

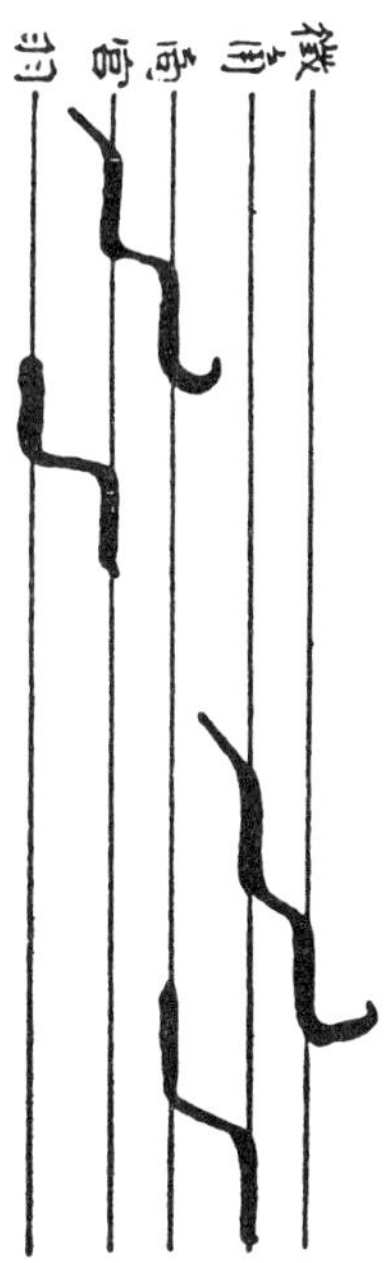

十五、ヲル（折）カナ下ゲ（仮名下）

スクを出して三律ヲリ下ゲル型を「ヲル」という。中・律曲においては強く当って折り下げる。先行する旋律型の最後の音をうけて、その音より一音下げるのを「受ケ下ゲ」という。音を下げるとき仮名をひらうのを「カナ下」という。

十六、上ル・受上ゲ・カナ受上

スクより一音折り上げるのを「上ル」という。先行する旋律型の最後の音を受けて、その音より一音上げるのを「受上」という。カナがかわるときは、初めの音のスクの終りでカナをひろって上る「カナ受上」となる。

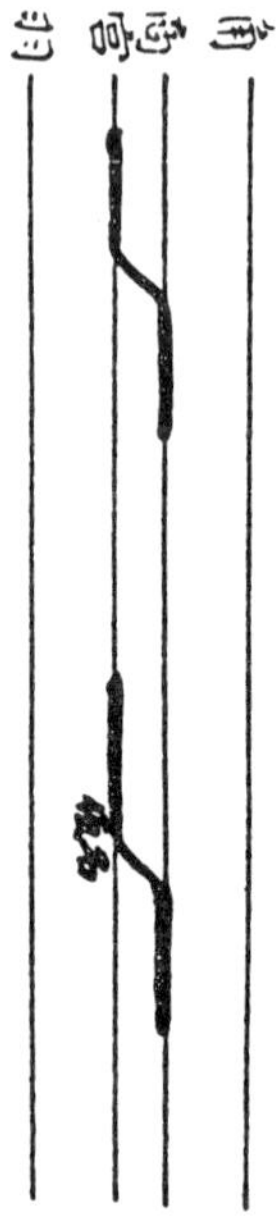

十七、浅下り

塩梅音を付さずスクに出した音を軽く当って二律折り下げるものである。「ユリ上」「フミ上」で一音（二律）上がった音を、元の音に一音下げるとき、三律下げてしまわないよう、特に浅く下りるという意味である。呂曲の旋律型である。

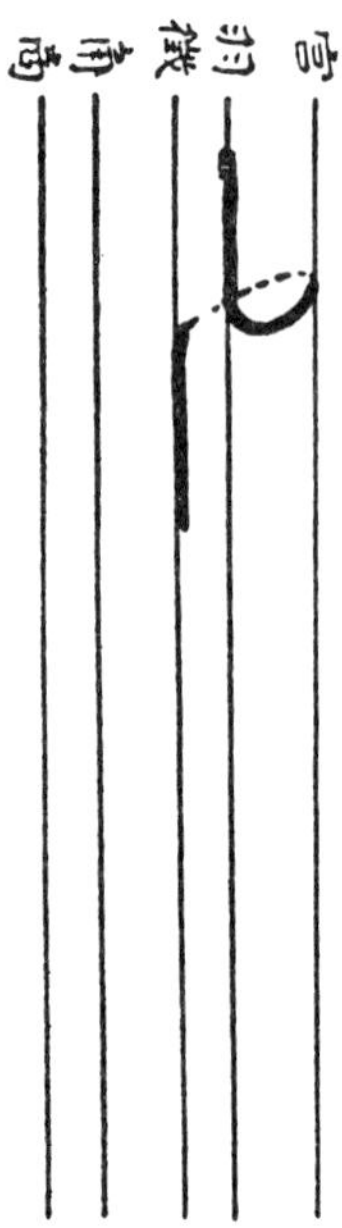

十八、早上ゲ（伽陀下ゲ・折リ下シ）

塩梅を用いて角音をすくい出し、ゆるやかに五律ソリ上り、角音へ折り下し、徴音に早く上げ、大きくソリを添える。伽陀に限られた旋律名であるので「伽陀下げ」ともいう。

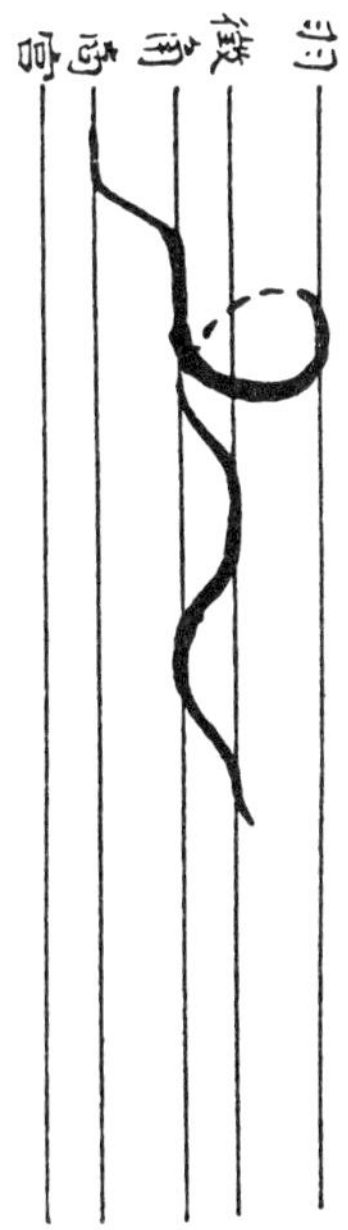

十九、早下ゲ

塩梅を用いて角音をすくい出し、ゆるやかにマクリを行ない徴音に上げて軽く当り、「アサ下」のごとく角音にもどして終るものである。

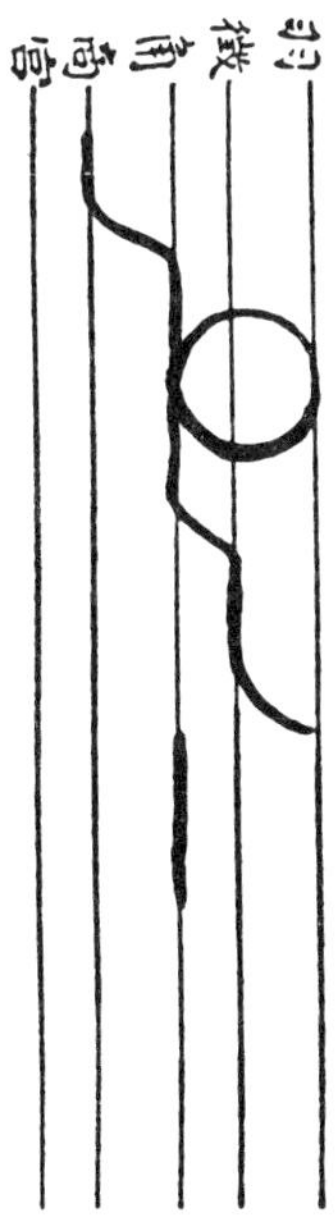

二十、教化下り

徴のユリが先行するのが常であり、徴のユリに続いて角音をスクに出し、徴音にソリ上り軽く当り、また徴音を出して角音に折り下げる旋律である。

教化の曲中に、「早下」と記されている旋律型は「教化下」の旋律で唱えることになっている。

二十一、モロ下り（諸下）

塩梅を用いて角音をすくい出し、ゆるやかにマクリを行なって角音にもどり、なめらかに三律下って商音に至り、またなめらかに角音にもどる。呂曲用の旋律であるが、律角を用いる形に唱えられている。

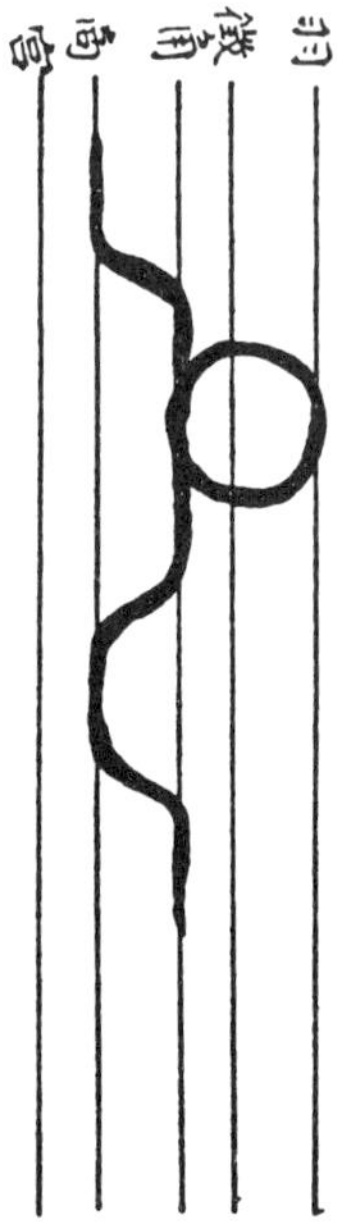

二十二、略モロ（アタリ下ゲ）

徴のスクまたはユリに続く形で、角をスクに出し、律を行なって（当る・ツメル）スクにおさめる。徴のスクまたはユリから角の音に一音下げて当るところから「アタリ下ゲ」という別名も付されている。

二十三、律ウツリ・ウツリ

ある音から次の音に移るとき、律を行なって（アタル・スクム・ツメル）移行することを「律ウツリ」という。律を行なわずに塩梅音を共って移行するのを「ウツリ」という。

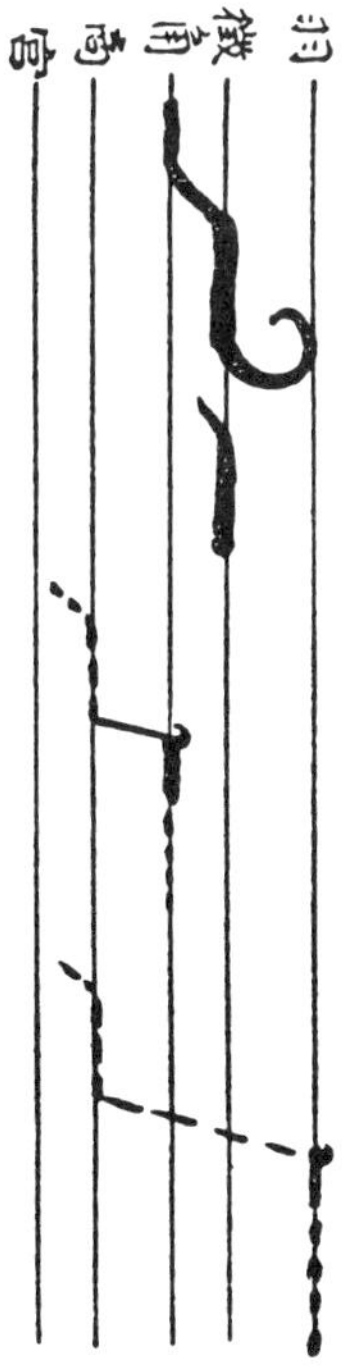

二十四、律下リ（律折）

スクに出し、強く律を行ない（アタル・ツメル）一音下げてタルミをつけておさめる旋律であるが、使用される曲によって異同がある。

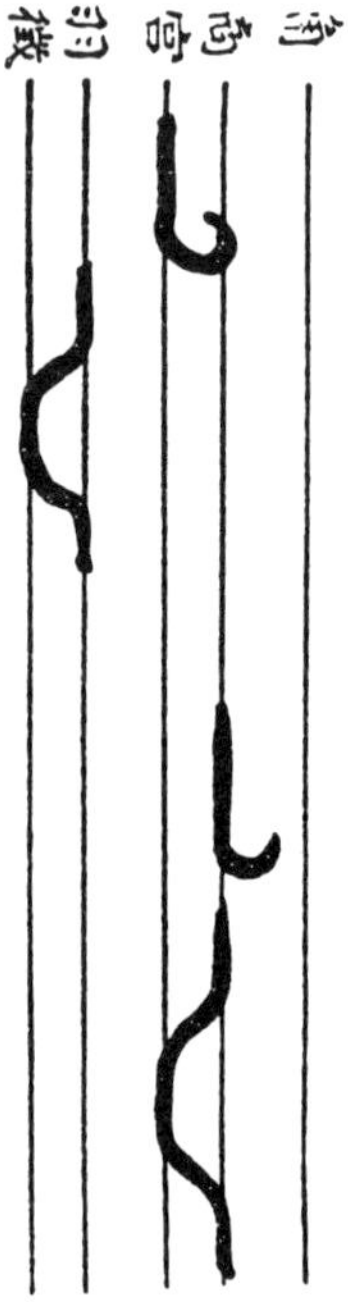

二十五、キリ（キル）

「スク」または「ユリ」「律ユリ」などの終りに使用されるもので、その旋律型の終りの音でみじかく強く律を行なって（ツメル）低く押さえきるのである。

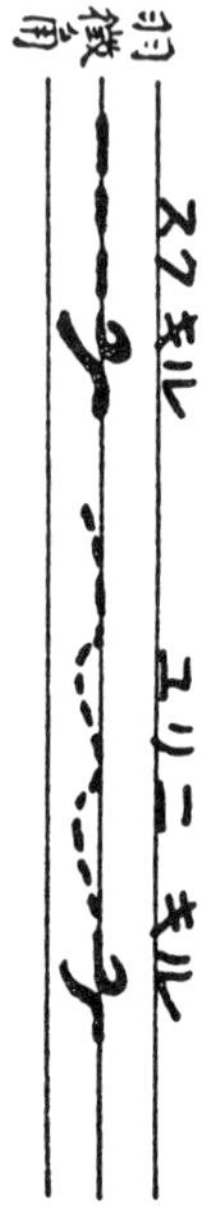

二十六、落声（オチゴエ）・垂レ（タレ）

「スク」または「ユリ」「ソリ」などの次にくる旋律型で、その旋律の終りの音で律を行ない（アタリ）、まるく音を垂れ落とすのである。垂れ落とす長短によって「一重」「二重」「三重」の区別がある。「イロ・タレ」の場合は「垂レ」と称し律を行なわない。

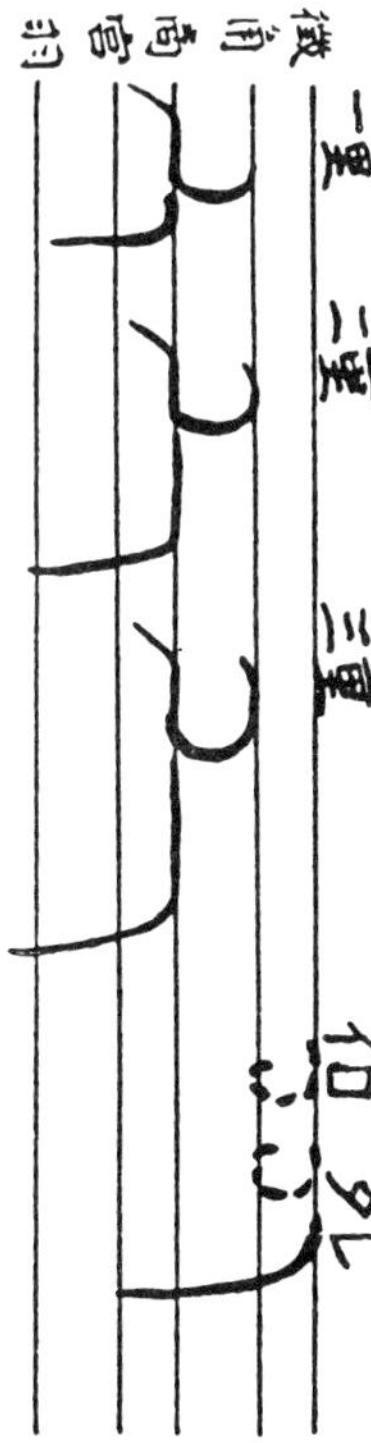

二十七、仏名下り

「仏名曲」にのみ使用される旋律型である。「ユリ三」に続くもので、（1）徴ユリの終りの音を上げて大きく律を行ない、角音より垂れを行なうものと、（2）「ユリ三」の次に、角音を出し徴まで上げて律を行ない、角音より垂れを行なう伝承がある。

(1)

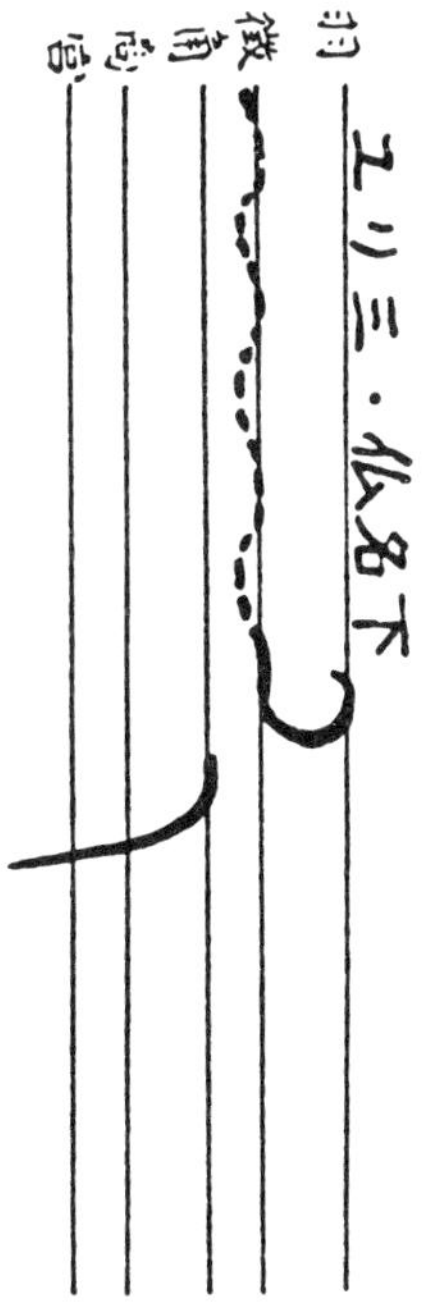

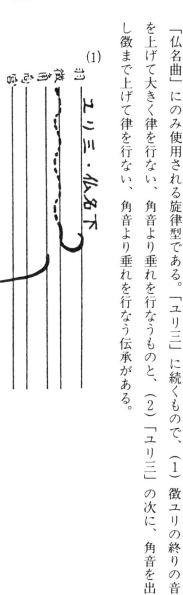

(2)

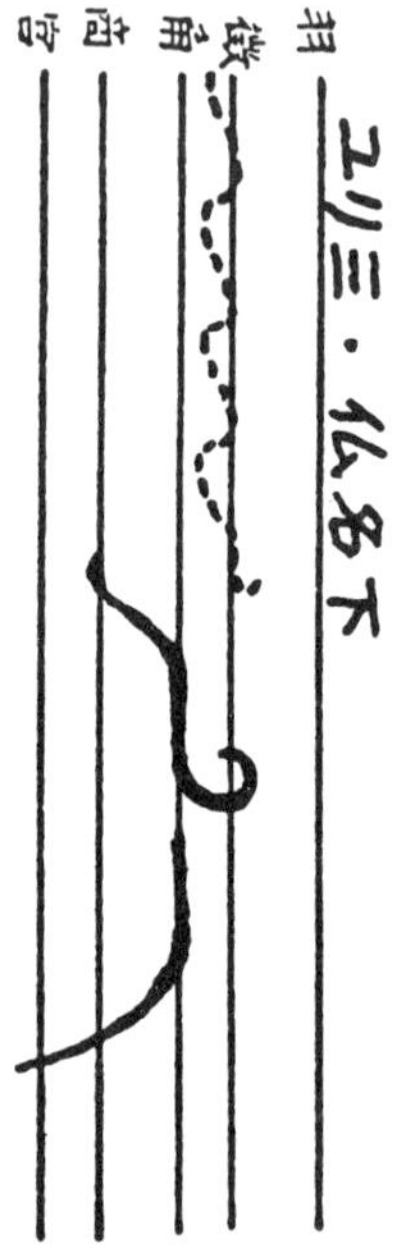

二十八、本下（ホンオリ）

「宮本下」「角本下」が基本型で、それぞれの音より宮商角または角徴羽とソリ上リ商または徴より垂れ声を行なって、羽スクまたは商スクを添えておさめとする。

「ソリ」が先行している場合、角を略し「徴本下」と考えて徴羽とソリ上リ徴より垂れ声を行なう型がある。

「本下」の後に「ソリ」などが続く場合、最後のスクを「ソリ」の初めとして次の旋律型に続ける場合などがある。

律曲の場合は、上羽を使用して「呂曲本下」と区別している。

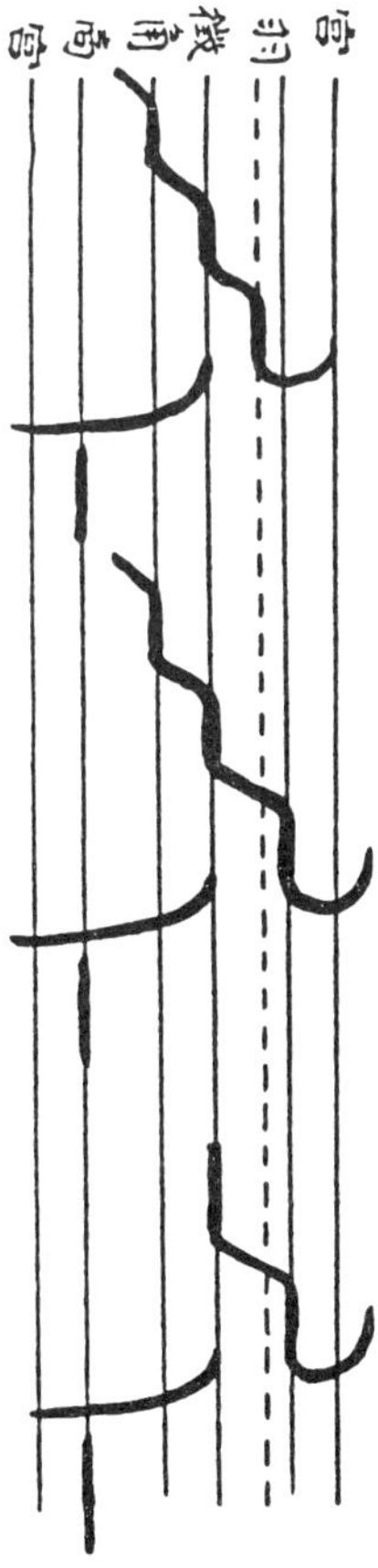

二十九、二重本下

「供養文」に「商本下・宮本下」と続く二重本下が使用されている。これは、先行する「商スク」に続く「宮本下」であるので、商よりはじめ商角とソリ上り、商より垂れ羽スクおさめであるが、次に「宮本下」が続くので、おさめの羽スクを宮に続く塩梅として短くおさえて「宮本下」を唱える型である。商・羽よりはじまる本下は稀有の例であるが、一時的反音と考えることができる。

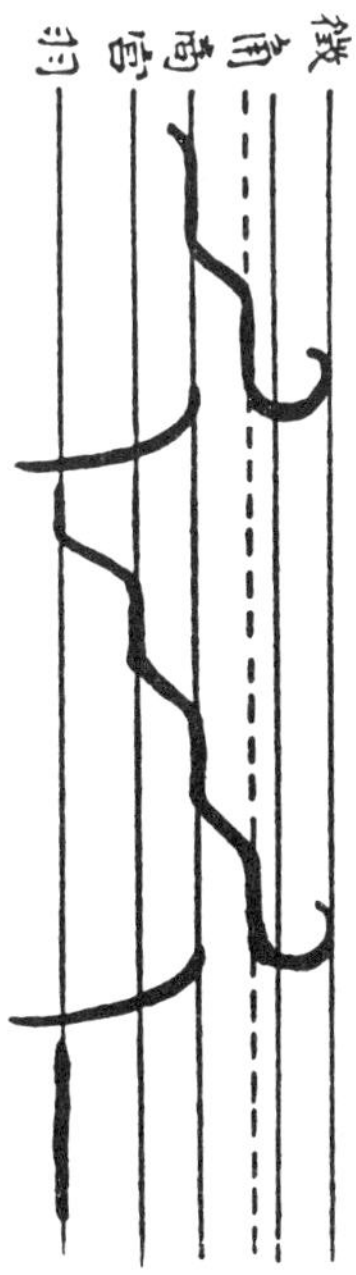

三十、イロ（色）

「イロ」は「ユリ」の変型であり、「イロユリ」ともいう。徴角・徴角・徴角と三度音を短かく揺らせるもので、前後に他の旋律型をともなう複合旋律型の中で用いられるものである。

三十一、イロマワシ（色廻シ）

徴の「イロ」を行なって、徴より商まで大きくなめらかに下降し、角まで上昇しておわるもので、「マクリ」が先行する。「マクリ・イロニ・タルム」という複合旋律型である。

三十二、イロタレ（色垂レ）

徴の「イロ」を行なって、徴より商まで下降する（垂レ下ガル）もので、半ソリまたはマクリが先行する。

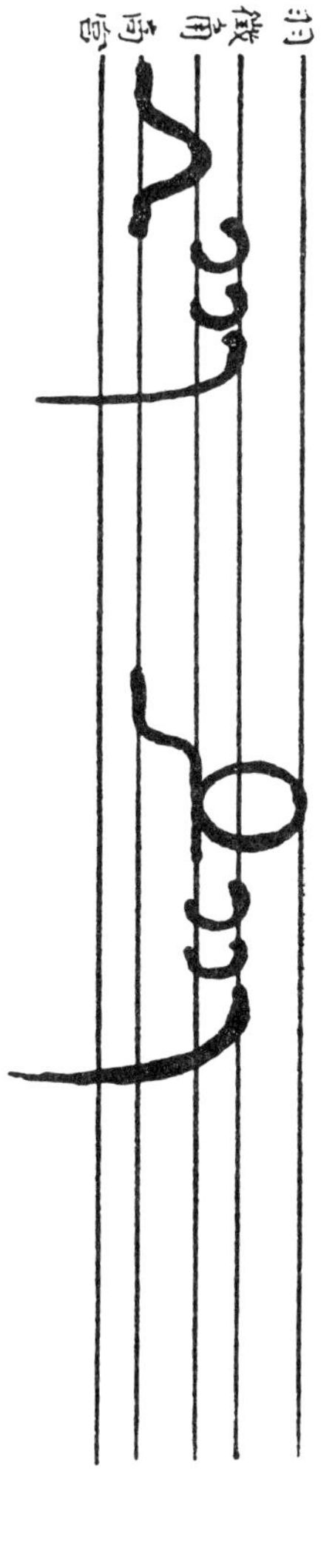

三十三、イロ二（半ソリ・イロ・マクリ・イロ）

「伽陀」「梵音」などに使用されている複合旋律型であり、一息に唱誦するのが本儀である。伽陀には、商より始まる「イロ二」と、羽より始まる「イロ二」がある。

三十四、大マワシ（大廻シ）

型は「マクリ・イロ二・タレ」であるが、大きくゆるやかに唱えるのでその名がある。

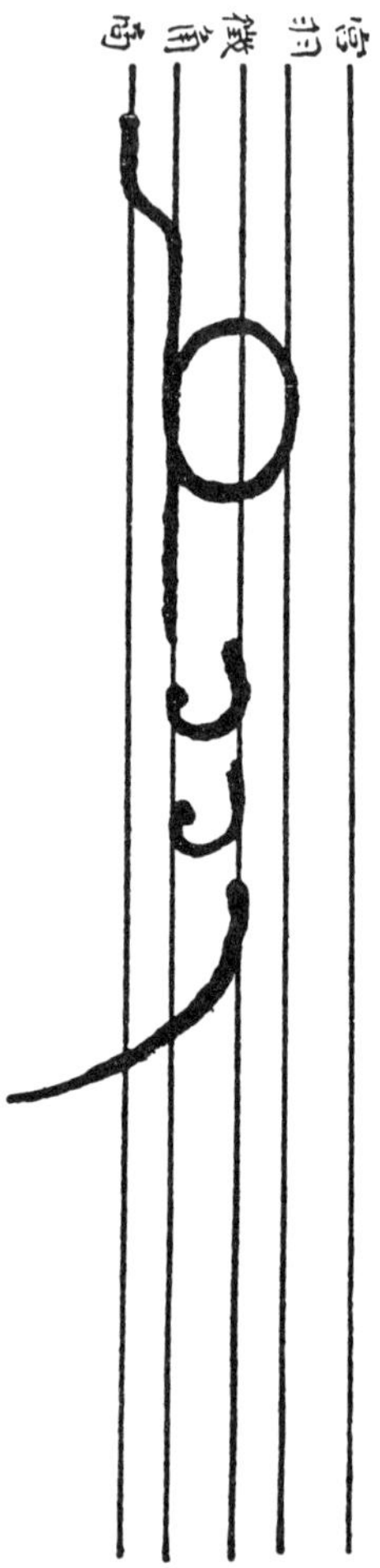

三十五、踏マワシ（仏廻シ）

「踏み上げマワシ」のことであるが、「仏廻シ」とも書く。徴の「ユリ三」または「ユリ二」を引き出すための旋律型で、角音を出してなめらかにソリ上げ、軽く当って徴の「一つユリ」を付すものである。曲は更に徴の「ユリ二」または「ユリ三」に続くのである。

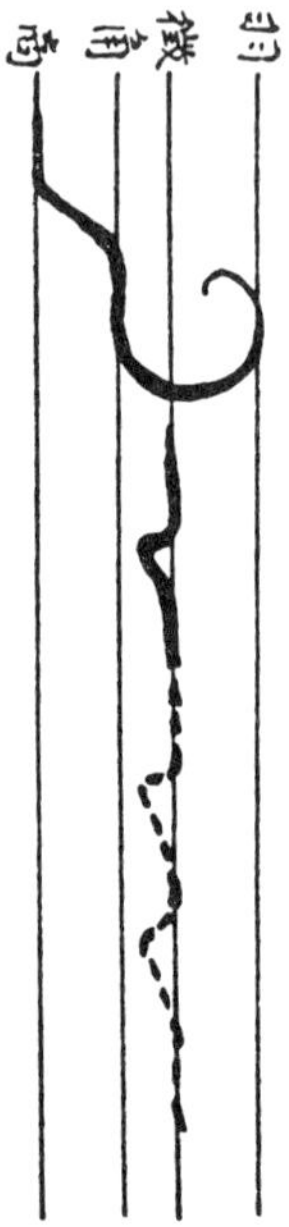

三十六、錫杖マワシ

徴の「ユリ二」が先行し、「角アタリ・イロ・片下・押出」と続く複合旋律型である。

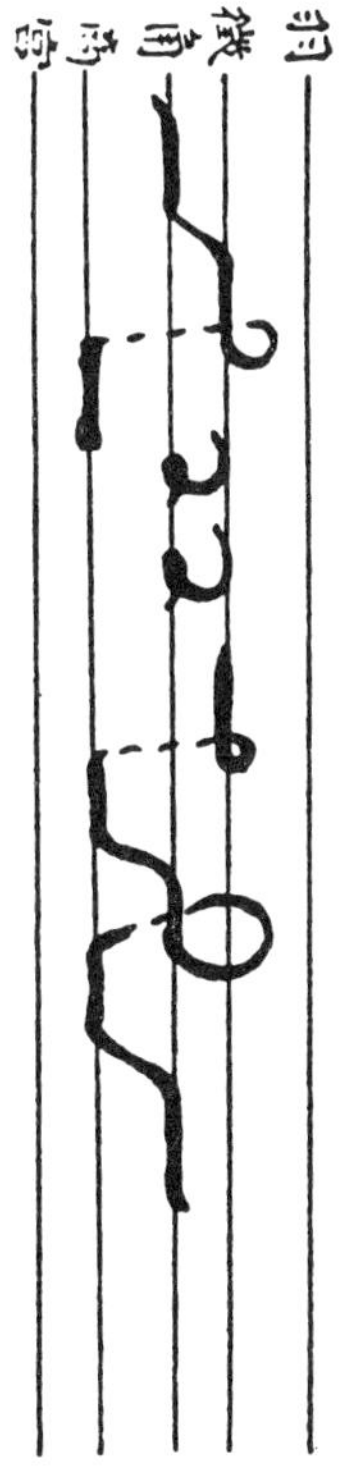

三十七、錫杖下

徴の「ユリ二」が先行し、「角アタリ・イロ・本下」と続く複合旋律型である。

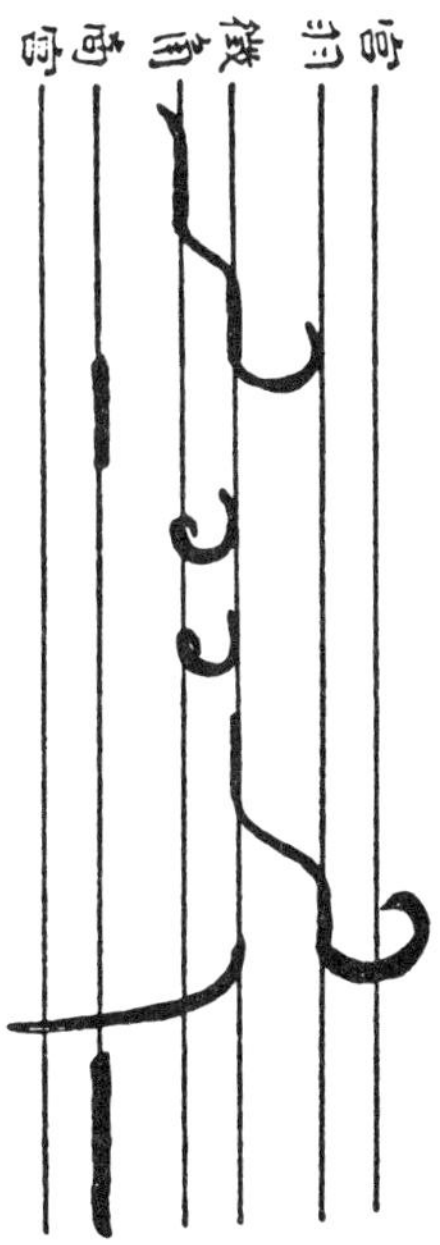

三十八、二重モロ（角モロ・商モロ）

「角モロ下」と「商モロ下」を続ける複合旋律型で、「着座讃」の「埵」に使用されている。

独唱部分であるので、次のごとき唱法で伝承されている。

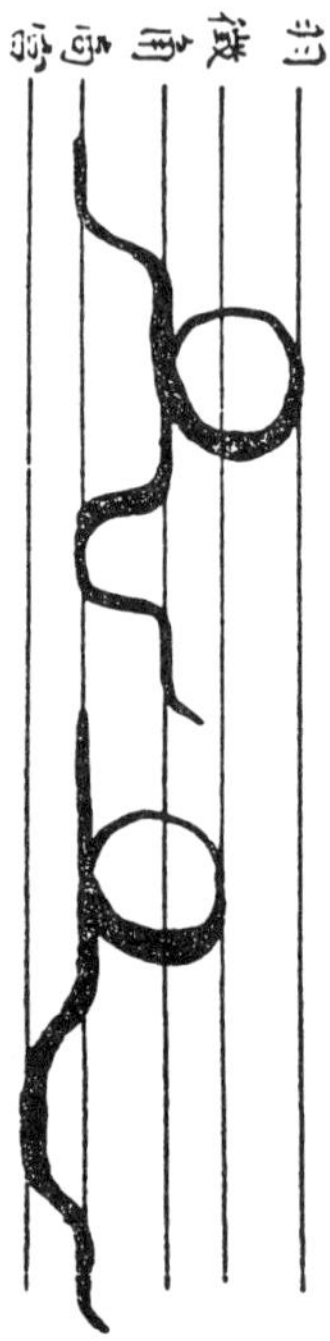

三十九、マクリ律下

「伽陀」に使用されている複合旋律型である。

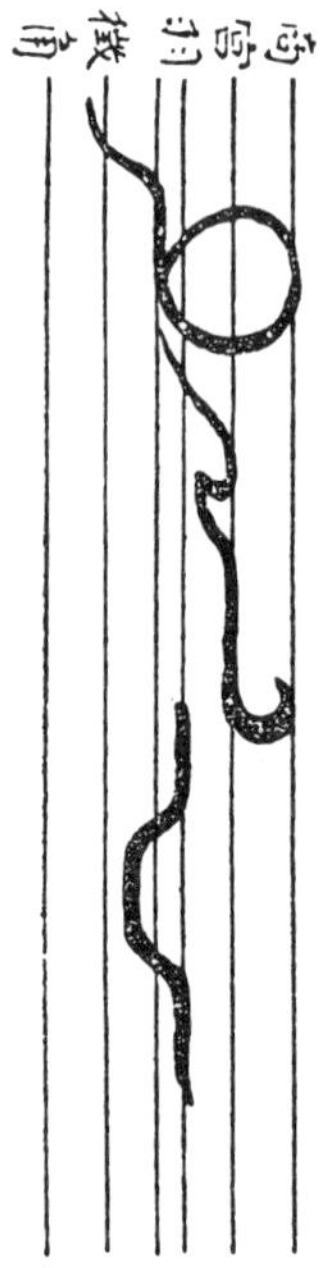

四十、ソリマクリ・小由ソリマクリ

「ソリ」と「マクリ」が複合された旋律型である。

四十一、フミ上色マワシ

「フミ上」と「イロマワシ」が複合した旋律型。「三礼」の「願」の旋律。

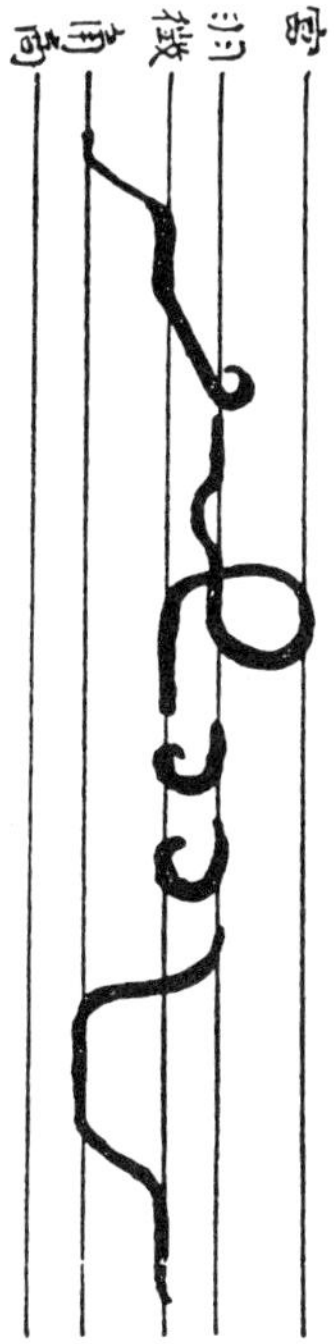

四十二、二重マクリ（アタリ・マクリ）

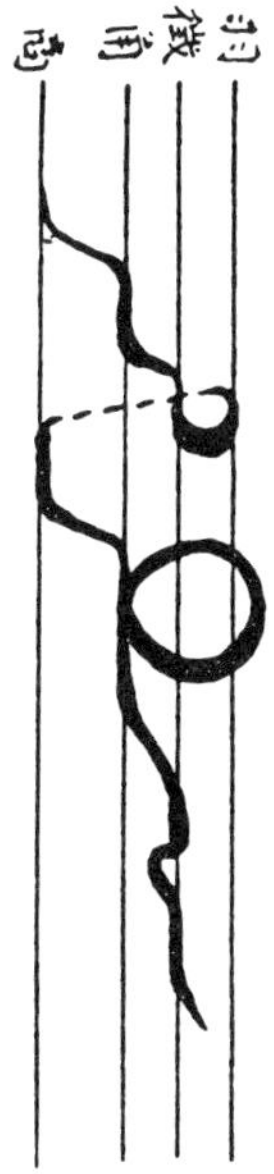

以上、天台声明の単旋律や複合旋律について記したが、次に述べる「序曲《じょきょく》」の場合の旋律型を記したものであって、「定曲《ていきょく》」（拍子物《ひょうしもの》）の場合には拍子の数によって唱法が異なってくるのである。例えば、十二番の「マクリ」の旋律型などは、「八拍子のマクリ」「四拍のマクリ」「二拍のマクリ」があって、拍子の数によって旋律の姿が別の旋律型ではないかと思わせる程の差異があることを付記しておく。

拍子――序曲・定曲・倶曲・破曲

現行の声明曲は拍子により、序曲《じょきょく》・定曲《ていきょく》・倶曲《ぐきょく》・破曲《はきょく》と分類することもできる。

序曲とは、拍子をもたない自由なリズム曲のことで、無拍子の旋律で構成されていて、大部分の声明曲がこれに属する。

唄匿《ばいのく》（始段唄《しだんばい》・云何唄《うんがばい》など各種の唄） 散華《さんげ》（顕密各種） 伽陀《かだ》（各種） 四智讃《しちさん》（乙様の梵語・漢語） 三条錫杖《さんじょうしゃくじょう》 引声阿弥陀経《いんぜいあみだきょう》 など

定曲とは、拍子を持つ曲のことで、原則として一文字を六拍に数える曲を本曲 拍子《ほんぎょくびょうし》と呼び、一文字を四拍に数える曲を四分全拍子《しぶんぜんびょうし》（四分全《しぶぜん》・楽拍子《がくびょうし》）と呼び、一文字を三拍に数える曲を中音拍子《ちゅうおんびょうし》（三《み》ツ拍子《びょうし》）と呼び、一文字を二拍に数える曲を切音拍子《きりごえびょうし》と呼んでいる。またそれぞれの拍子の中で、「延《のべ》」という指定があれば、本曲の延は九拍に、四分全の延は六拍に、中音の延は五拍に、切音の延は三拍になる。

現行の声明曲としては常用されてはいないが、「三十二相」という秘曲は、本曲の部類に属するが一字を十二拍で唱誦し、雅楽の「散吟《さんぎん》打《ちょう》球楽《きゅうらく》」と合奏するように作られている。近年、国立劇場や京都府立芸術文化会館などで雅楽と合奏した復元演奏が行なわれている。

常用声明には本曲拍子で唱誦している曲はないが、四分全拍子で唱誦する曲としては、「諸天漢語讃・呂曲」「百字讃」「百八讃の中段」などがある。「九方便」や「五悔」なども四分全拍子の曲であるが、句頭を四分全拍子で唱え、同音（合唱）になると切音拍子で唱えるのが通例である。しかし、灌頂会には中音拍子で唱えるのが本儀であるが、句頭四分全・同音切音拍子の場合が多い。「吉慶梵語讃」も本儀は四分全拍子であるが、常用の場合は切音拍子で唱誦されている。「大讃」（大日大讃）も本儀は四分全拍子であるが、常用の場合は句頭四分全・同音切音拍子で唱誦されている。

常用声明ではないが、御懺法講の音用である「声明例時」や「声明懺法」には拍子物（定曲）が多い。

声明懺法の敬礼段（一心敬礼本師釈迦牟尼仏）では、始めの四字を序曲で唱え、五字目より四分全拍子で唱え、最後の一字を無拍子で唱える。六根段の眼根段では、始めの四字を序曲で唱え、十四字を四分全二拍子（一字八拍）で唱え、以下は四分全拍子（一字四拍）で唱え、途中の四字（我濁悪眼）と最後の十五字を無拍子で唱える。六根段の意根段では、始めの四字を序曲で唱え、十二字を四分全二拍子（一字八拍）で唱え、以下は四分全半拍子（一字二拍）で唱え、最後の十三字を無拍子で唱える。また、六根段には、雅楽（青海波）などの附楽が入る。またこの法会の中心である経段（妙法蓮華経安楽行品）は始めの二字無拍子で唱え三字目から四分全拍子（一字四拍）で唱え、最後の八字を無拍子（序曲）で唱える。

声明例時については、本書に付してあるＣＤ「五台山念仏の系譜」に一部が収録してあるので、その解説文を参照されたい。

倶曲というのは、一曲のうちに序曲の部分と定曲の部分を備えもつ曲をいうのである。前出の百八讃は上段を無拍子の序曲として唱え、中段を四分全拍子で下段を切音拍子で唱える序破急の明確な曲である。また前出の声明懺法の敬礼段・六根段や後で述べる声明例時の大懺悔などがそれである。

破曲というのは、序曲であって定曲ではないが、曲中に部分的に定曲であるかのごとき拍子らしき部分が現われる曲のことで、対揚・切音九条錫杖・諸天漢語讃律曲などである。

演奏方法

声明曲を演奏方法によって、独唱曲・合唱曲・輪唱曲の三種に分けることができる。

独唱曲は、各種の教化《きょうげ》・各種の講式・祭文など和語曲に多いが、各種の唄《ばい》や驚覚真言《きょうがくしんごん》など漢語曲もある。

合唱曲とは、単旋律の斉唱（ユニゾン）のことであるが、句頭の部分を独唱し途中より合唱（同音という）となる曲で、ほとんどの声明曲がこの形式で唱えられる。

輪唱曲は、次第《しだい》取りの曲といい、対揚《たいよう》が代表的なものでユニゾンのカノン（輪唱）形式になっている曲である。

しかし、散華などのように、同音散華《どうおんさんげ》といって句頭の独唱に続いて途中より斉唱（同音）する場合と、次第散華《しだいさんげ》といって句頭の散華師は独唱で全曲を唱えるが、式衆が少し遅れて初めから合唱で後を追って唱える場合とがある。次第散華は厳儀の場合（伝教大師祖廟での長講会）にのみ唱えられている。また、五大願のように導師が独唱（独音《どくおん》という）する場合と、式衆が次第を取る場合とがある。

あとがき

「まえがき」にも書いたように、この本は一般の方々に広く天台声明についての関心を深めていただくための解説書を目指したものであるが、果たしてその意を充分に尽くし得たかどうか懸念している。

本書を読み、CDを聴いて、さらに天台声明について理解を深めようと考えられた方は、天台声明師の頂点に立たれて私たち後学を指導していただいている、天台宗勧学であり探題大僧正の毘沙門堂門跡、誉田玄昭先生の『伝承と現行の天台声明』(平成三年刊、芝金声堂発行)をお読みいただきたい。

また、天台声明に限らず仏教各宗派にわたっての声明関係の術語、曲名、楽理、人名、楽器、資料など三千項目余の解説をした『仏教音楽辞典』(平成七年刊、法蔵館発行)が、岩田宗一・播磨照浩・飛鳥寛栗・天納傳中の共著で出版されているので、より詳しく声明についてお知りになりたい方は、そちらも併せてご覧いただくことをお薦めする。

最後に、昭和四十八年に天台宗僧侶として出家得度されてより二十五年間かずかずの仏縁を頂戴している瀬戸内寂聴先生には、特にご多忙な中にも関わらず「序文」をお書き下され、広く一般の方々にご紹介下されたことを厚く御礼申し上げます。

また、末尾の「声明基本用語解説」の作成など、お世話下さった春秋社編集部の山本有子氏にも、重ねて御礼申し上げます。

平成十年十二月

魚山大原寺実光院

天納傳中

声明基本用語解説

嬰（えい）

音階を構成する五音の羽または商より一律（半音）上の音を、嬰羽または嬰商という。

塩梅音（えんばいおん）

各旋律型に定められる基本の音位（五音＝宮・商・角・徴・羽）を発声する時に付加される、その音位より一律ないし三律下位の装飾音的かつ導音的な音。また、旋律型の末尾に付加する装飾音のこと。天台声明ではとくに重要な位置づけがなされている。

乙様（おつよう）

五音のうち宮を甲音、徴を乙音とよぶ。徴の音を核音として構成された旋律および曲の様式。

漢語曲（かんごきょく）

梵文を漢訳した経典や偈頌に音曲をつけて唱える曲。

〔代表曲名〕始段唄・中唄・散華・梵音・三条錫杖・仏名・伽陀・九条錫杖・如来唄・云何唄・対揚・供養文・九方便・五悔・乞戒偈など

切音拍子（きりごえびょうし）

定曲（拍子物）のうち、四分全拍子（一字四拍）の半分を切り捨てて一文字を二拍に数える曲（延は三拍）。

倶曲（ぐきょく）

一曲のうちに序曲の部分と定曲の部分を備えもつ曲。

犍稚類（けんちるい）

犍地・揵稚とも書く。寺院の法会などに僧を集めるための合図に用いたり、法要の次第の区切りを示すために打たれる打楽器で、鐘・磬・木魚・石板・木板・砧槌などをいう。

五音（ごいん）

音階を構成する宮・商・角・徴・羽の五種の音。その音階構成上の起点となる音を「宮」といい、順次上方に向かって「商」「角」「徴」「羽」という。この音を一オクターブ十二の音の中から三種の旋法によって定める。

五音博士（ごいんばかせ）

五音（宮・商・角・徴・羽）の音階を正確に記譜できるよう考案された博士（墨譜）。文字に対して左右上下の直線や斜線が、五音のどの音を指すかを約束規定しておき、それにより正確に音階を記譜する。

甲様（こうよう）

五音のうち宮の音を核音として構成された旋律および曲の様式。

極楽声歌（ごくらくせいか）

「ごくらくしょうか」とも読む。和語讃の声明で、雅楽の曲名または同名のあて字の題名を持ち、十五曲ある。平安後期に演奏された雅楽曲に合せて唱詠できるように作詞され、雅楽の伴奏によって歌われた。

古博士（こはかせ）

声明の記譜法として最も古いもの。音の上がり下がりや旋律を線描きにしたもの。

祭文（さいもん）

御影供という各祖師を讃仰する法会において祭文師によって朗唱される祈願文。

三管（さんかん）

笙・篳篥・龍笛のこと。

三鼓（さんこ）

太鼓・鐘鼓・羯鼓のこと。

三種（さんしゅ）

呂・律・中の三種の旋法のこと。

三分去益（さんぶきょえき）

三分損益ともいう。日本では順八逆六とよぶ。古代中国において確立された楽音（律）を得る法。黄鐘（こうしょう）を出す長さの律管を基準とし、この長さを三分の一減らしたり（損）増やしたり（益）して音を得る。

四箇法要（しかほうよう）

唄・散華・梵音・錫杖という四箇の声明曲を中心に構成される法要のこと。

七声（しちしょう）

五音に反徴・反宮または嬰羽・嬰商の二音を加えた音階。

四分全拍子（しぶぜんびょうし）

定曲のうち、一文字を四拍に数える曲（延は六拍）。四分全・楽拍子ともいう。

十二律（じゅうにりつ）

三分去益法によって得られた十二の音。中国古代の十二律名（中国古代の月名による）と日本所用の十二律がある。詳細は52頁の表を参照。

序曲（じょきょく）

拍子をもたない自由なリズム曲のこと。無拍子の旋律で構成されている。大部分の声明曲がこれに属する。

中音拍子（ちゅうおんひょうし）

定曲のうち、一文字を三拍に数える曲（延は五拍）。三ッ拍子ともいう。

中曲旋法（ちゅうきょくせんぽう）

呂旋法の五音に嬰商（商の一律上の音）と嬰羽（羽の一律上の音）を加えた七音の旋法。

附楽（つけがく）

声明とは別の雅楽曲を演奏する。附吹ともいう。

附物（つけもの）

声明の旋律を三管または一管で伴奏すること。

定曲（ていきょく）

拍子物とも。拍子を持つ曲。本曲拍子・四分全拍子・中音拍子・切音拍子がある。

延（のべ）

拍子をのばすこと。「延」の指定がある場合、本曲拍子は一文字九拍に、四分全拍子は六拍に、中音拍子は五拍に、切音拍子は三拍になる。

唄（ばい）

唄匿（梵語 bhasa［パーサカ］の音写語）の略。仏の徳を讃歎する歌の意。云何唄（密教唄）・始段唄（顕教唄）・異説唄（祝禱唄＝長寿唄・毀形唄＝出家唄・行香唄・優波離唄など）を指す。単に梵唄・声明の意にもつかう。

博士（はかせ）

声明曲の楽譜のこと。唱誦される詞章の文字の周辺に記されている記号のこと。天台声明には「古博士」「五音博士」「只博士（目安博士）」の三種がある。現在は目安博士が使用されている。

破曲（はきょく）

序曲であって定曲ではないが、曲中に部分的に定曲であるかのごとき拍子らしき部分が現れる曲のこと。

反（へん）

音階を構成する五音の徴または宮より一律（半音）下の音を、反徴または反宮という。

法則（ほっそく）

各種法要に簡単な音用を付して唱えあげる表白。

本曲拍子（ほんぎょくびょうし）

定曲のうち、一文字を六拍に数える曲（延は九拍）。

梵語曲（ぼんごきょく）

梵語（サンスクリット語）を漢語に音写して唱える曲。

〔代表曲名〕大讃・仏讃・百字讃・百八讃・驚覚真言など

目安博士（めやすばかせ）

現行の声明楽譜。塩梅音・経過音など五音・七声以外の音を含めて旋律型を可視的に図示しようと工夫を加えた博士。鎌倉初期に考案された。

律旋法（りつせんぽう）

宮の二律上の音を商、商の三律上を角、角の二律上を徴、徴の三律上を羽とする五音階の旋法。

呂旋法（りょせんぽう）

宮の二律上の音を商、その二律上を角、角の三律上を徴、その二律上を羽とする五音階の旋法。曲によってはこの五音に反徴（徴の一律下の音）・反宮（宮の一律下の音）を加えた七音の旋法とする。

和語曲（わごきょく）

和文の偈頌や和製漢文を訓読みして唱えられている曲。

〔代表曲名〕法華讃嘆・教化・講式など

【著者紹介】

天納傳中（あまの でんちゅう）

大正14年8月14日生まれ。

大正大学予科修了。大谷大学文学部卒業。

中山玄雄・誉田玄昭に天台声明を学ぶ。

天台宗京都大原魚山実光院住職、叡山学院声明科教授。欧州・国内各地での声明公演の企画・指導・出演などを行う。

平成14年逝去。

【主著】『天台声明概説』（叡山学院）、『仏教音楽辞典』（共著・法蔵館）、『CDブック 声明 マンダラのきらめき——舞楽法要庭儀曼荼羅供』（春秋社）他

CDブック　**声　明**——天台声明と五台山念仏へのいざない

1999年 2 月 15 日　初　版第 1 刷発行
2022年 12 月 20 日　新装版第 1 刷発行

著　　者　天納傳中
発 行 者　神田　明
発 行 所　株式会社 春秋社
〒101-0021　東京都千代田区外神田2-18-6
電話　03-3255-9611（営業）
　　　03-3255-9614（編集）
振替　00180-6-24861
https://www.shunjusha.co.jp/
装 幀 者　鎌内　文
印刷・製本　萩原印刷株式会社

ISBN978-4-393-97049-2